GAOXIAO ZHIYE SHENGYA JIAOYU XIANZHUANG
JI YOUHUA LUJING YANJIU

高校职业生涯教育现状及优化路径研究

郑丽芳　著

江苏大学出版社
JIANGSU UNIVERSITY PRESS
镇　江

图书在版编目（CIP）数据

高校职业生涯教育现状及优化路径研究 / 郑丽芳著.
镇江 ：江苏大学出版社，2024. 12. -- ISBN 978-7
-5684-2387-8

Ⅰ. G647.38

中国国家版本馆CIP数据核字第2024ZG8917号

高校职业生涯教育现状及优化路径研究

Gaoxiao Zhiye Shengya Jiaoyu Xianzhuang Ji Youhua Lujing Yanjiu

著　　者/	郑丽芳
责任编辑/	柳　艳
出版发行/	江苏大学出版社
地　　址/	江苏省镇江市京口区学府路 301 号（邮编：212013）
电　　话/	0511-84446464（传真）
网　　址/	http://press.ujs.edu.cn
排　　版/	镇江文苑制版印刷有限责任公司
印　　刷/	镇江文苑制版印刷有限责任公司
开　　本/	890 mm×1 240 mm　1/32
印　　张/	5.125
字　　数/	200 千字
版　　次/	2024 年 12 月第 1 版
印　　次/	2024 年 12 月第 1 次印刷
书　　号/	ISBN 978-7-5684-2387-8
定　　价/	65.00 元

如有印装质量问题请与本社营销部联系（电话：0511-84440882）

目 录

第一章　绪论 001

　　第一节　研究背景及研究意义 001

　　　　一、研究背景 001

　　　　二、研究意义 003

　　　　三、研究的必要性 006

　　第二节　国内外研究综述 009

　　　　一、国内外研究现状 009

　　　　二、国内外研究述评 016

　　第三节　研究内容 018

　　第四节　研究方法 019

第二章　相关概念的界定 021

　　第一节　职业 021

　　第二节　职业生涯 022

　　第三节　职业生涯规划 023

　　第四节　职业生涯规划教育 026

　　第五节　高校职业生涯规划教育 027

第三章　职业生涯教育的发展阶段及相关理论基础 029

　　第一节　职业生涯教育的发展进程 029

　　　　一、20 世纪初至 20 世纪 40 年代末：职业

　　　　　　指导阶段 029

二、20世纪50年代至60年代：职业指导
　　向生涯辅导的转化阶段 032

三、20世纪70年代至今：职业生涯教育阶段 034

第二节　国内职业生涯规划教育发展情况 036

第三节　高校职业生涯教育的相关理论 037

一、职业选择理论 038

二、职业发展理论 044

三、社会学习与决策理论 051

第四章　我国高校职业生涯规划教育的基本情况 058

第一节　我国职业生涯规划教育的现状 058

一、职业生涯规划教育的开端 058

二、中国高校大学生职业生涯规划教育的
　　具体方式 060

第二节　大学生职业生涯规划教育存在的问题 062

一、课程设置不规范 062

二、教学方式单一，缺乏针对性 063

三、社会实践活动不足 064

四、教师队伍人才匮乏 065

第三节　对大学生职业生涯规划教育存在问题的分析 065

一、各高校不能正确定位大学生职业生涯
　　规划教育 065

二、未开展必要的人才素质测评 067

三、师资队伍培养进程缓慢 067

第五章　我国高校职业生涯规划现状的调查与结果分析
　　　　——以 J 市两所地方高校为例 069

　第一节　调查方案设计 070

　　一、访谈设计 070

　　二、问卷调查设计 070

　第二节　调查结果分析 072

　　一、访谈结果分析 072

　　二、问卷结果分析 079

　第三节　本章小结 083

第六章　国外高校职业生涯规划教育基本情况 085

　第一节　美国高校职业生涯规划教育基本情况 085

　　一、美国职业生涯教育的理念 085

　　二、美国职业生涯教育的组织体系 085

　　三、美国职业生涯教育的师资队伍建设 086

　　四、案例——得克萨斯大学职业生涯教育的情况 087

　第二节　日本高校职业生涯教育基本情况 095

　　一、日本高校从就业指导向职业生涯教育转型的
　　　背景 095

　　二、日本职业生涯教育的组织体系 098

　　三、日本职业生涯教育的形式 099

　　四、日本职业生涯教育的特征 099

　第三节　澳大利亚高校职业生涯规划教育基本情况 100

　　一、澳大利亚职业生涯教育的历史背景 100

　　二、澳大利亚职业生涯教育的发展 101

　　三、澳大利亚职业生涯教育的实施机构 104

四、澳大利亚职业生涯教育的参与者 106

五、澳大利亚职业生涯教育项目的组成及实施 107

六、澳大利亚职业生涯教育项目的实践原则 110

七、澳大利亚大学职业生涯教育的实施 111

第四节　德国高校职业生涯规划教育基本情况 113

一、德国职业生涯教育的理念 113

二、德国职业生涯教育的目标 113

三、德国职业生涯教育的制度体系 114

第五节　英国高校职业生涯规划教育基本情况 115

一、提高职业生涯教育的质量 116

二、重视毕业生通用技能培养 117

第七章　我国高校职业生涯规划教育的优化路径 119

第一节　设立专门机构 119

一、组织机构 119

二、经费投入与硬件建设 120

第二节　建立专业化的职业生涯规划教育指导队伍 120

一、构建多层次的职业生涯规划指导队伍 120

二、打造综合素质过硬的指导员队伍 121

三、加大指导员队伍的培训力度 121

四、引入绩效考核理念 122

第三节　推进全覆盖的职业生涯教育网络信息服务 122

一、建立职业生涯规划资料室 122

二、加快网络化进程 122

第四节　提供全程化、个性化的职业生涯规划教育
　　　　服务 123

一、开展全程化的职业生涯规划教育服务 123

二、注重个性化的职业生涯规划教育服务 125

第五节　搭建市场化的职业生涯教育平台 126

一、注重同社会的合作 126

二、开设企业家论坛或讲座 127

三、开展社会实践活动 127

第六节　设置科学合理的大学生职业生涯规划教育
　　　　课程体系 128

一、开展自我认知教育 128

二、注重职业生涯规划意识教育 129

三、培养学生的职业抉择能力 129

四、培养学生的创业能力 129

第七节　加强完备的大学生职业生涯测评体系建设 130

一、运用职业价值观测验，帮助大学生认清现实 131

二、运用职业能力测验，帮助大学生自我肯定 131

三、运用职业兴趣测验，帮助大学生自我审查 131

四、运用职业人格测验，帮助大学生自我评估 132

第八节　发挥思政作用，营造大学生职业生涯规划
　　　　良好氛围 132

一、构建大学生职业生涯规划"联合培养"模式 132

二、搭建家校联结，建立大学生职业生涯规划
　　　"家校合作制" 134

三、优化校园环境，形成大学生职业生涯规划
　　"常态化"运行机制 134

参考文献 136

附录A：高校学生职业生涯规划教育指导调查问卷 143

附录B：高校职业生涯规划教育调查问卷 148

后　记 155

第一章　绪　论

第一节　研究背景及研究意义

一、研究背景

在党的二十届三中全会上通过的《中共中央关于进一步全面深化改革　推进中国式现代化的决定》指出："健全高质量充分就业促进机制，完善就业公共服务体系，着力解决结构性就业矛盾。"习近平总书记在二十届中央政治局第十四次集体学习中指出："加强宣传教育，引导全社会牢固树立正确就业观，营造'职业无贵贱，劳动受尊重'、'三百六十行，行行出状元'、'基层就业，同样出彩'等有利于就业创业的良好舆论氛围和包容社会环境，以择业新观念打开就业新天地。"这一指导思想为推动高质量就业提供了新的思路。

近年来，我国的高等教育体系逐渐完成了从"精英式教育"向"大众式教育"的转型。伴随着社会经济的飞速进步，产业结构与职业内容经历了显著的变化，这使得市场对人才的需求标准变得更加多样化和复杂化。自2008年以来，全国普通高校每年的毕业生数量已超过500万，并呈现持续增长的趋势。2024年，全国普通高校的毕业生达到1179万人，刷新了历史纪录。根据智联招聘发布的《大学生就业力调查报告》，2024 届求职毕业生中有 47.7% 倾向于选择国有企业作为职业生涯的起点，国有企业位居初次就业单位之首；选择国家机关作为职业生涯起点的毕业生比例达到 14.7%；而选择私营企业、外资企业和事业单位作为职业生涯起点的毕业生比例分别为 13.0%、12.5% 和 10.7%。这些数据在一定程度上反映了当前青年求职者的就业偏好。解决就业难题，不仅是推动经济转型、改善人民生活的重要环节，也是维护社会稳定的关键因素之一。尽管各级政府采取了多种措施支持高校毕业生的就业与创业，但面对如此庞大的毕业生群体，短期内就业形势依然面临较大压力，这种情况也在一定程度上给在校大学生带来了影响。

依据《中华人民共和国高等教育法》，高校应当为毕业生提供就业指导和服务。积极响应教育部的要求，加强大学生的职业生涯规划教育是学校的一项关键任务。同时，这也是我国科教兴国战略不可或缺的一部分。高校作为国家重要的人才储备基地，应确保每位大学生都能受到高质量的职业生涯规划教育，这对于提高他们的就业能力与市场竞争力至关重要。大学生的就业状况与其在校期间所受的就业教育密切相关，而在新的时代背景下，职业生涯规划教育不再只是为了帮助学生求职，而是更强调长远规划，帮助学生根据自身特点和社会需求，积极地规划自己的职业生涯，从而获得高质量的就业机会，并满足社会的需求。我国的职业生涯教育起步相对较晚，且在基础教育阶段较为缺乏，因此大学阶段成为实施职业教育的关键时期。高校应利用科学的方法，帮助大学生建立正确的职业观念，提前培养求职意识，认识自我特点，了解职业领域的多样性，以更好地适应职场环境。强化职业生涯规划教育已成为当务之急。

二、研究意义

职业生涯规划教育最早起源于美国。相比之下，我国对这一领域的探索起步较晚，直至 20 世纪中叶高等院校才开始逐渐关注与职业生涯规划相关的教育活动。进入 21 世纪后，职业生涯规划教育在国内各高校中得以推广。近年来，党和国家十分重视大学生就业问题，高校内的职业生涯规划教育也得到了显著的发展与深化。虽然现今国内高校正不断加大对职业生涯教育的投入，但由于缺乏适合本土环境的理论框架支撑，大多数学校所提供的职业生涯规划教育仍处于初级阶段，难以达到科学化与系统化的水平。建立和完善高校职业生涯规划教育体系不仅符合国家高等教育发展的要求，同时也满足了社会经济发展的需求，并且是促进个人职业生涯全面发展的重要途径。本书探讨的大学生职业生涯规划，不仅能为在校大学生提供职业规划培训与指导，同时也能为他们未来进行职业抉择奠定基础。

第一，开展大学生职业生涯规划的研究，可以帮助他们更精准地认识自我，明确个人发展目标。现实中，不少大学生对自己缺乏深入了解，不清楚自身的长处与短板，这导致他们在择业时会产生迷茫或产生一些不切实际的期待。古语有云："凡事预则立，不预则废。"对于今天的大学生来说，制定合理的职业生涯规划不仅是其实现个人目标的关键路径，同时也是提升其自我规划能力的过程。通过这一过程，大学生可以更加全面和客观地认识自己的性格特征、工作能力和兴趣所在，识别自身优势和可用资源，同时也会发现自己的不足之处。基于这些认识，大学生可以设定符合个人实际的职业目标和发展路径。职业生涯规划具有动态性和前瞻性，随着个体的成长变化，需要适时调整职业选择。如果大学生掌握了职业规划的基本技能，便能更加客观地评估个人职业目标与现实之间的差距，找出不足的地方，及时改善，从而逐步缩小乃至消除这种差距。

第二，开展大学生职业生涯规划的研究，不仅能帮助他们尽早树立职业理想与目标，还能指导他们选择职业，从而帮助他们在职业生涯中取得成功。哈佛大学的一项研究显示，那些能够及早设定并坚持个人职业目标的人，其中约有 60% 的人生活状态稳步上升，成为各行各业的不可缺少的专业人士。当大学生初次踏入大学或社会时，如果没有清晰的目标，可能会因环境的变化，或因对社会和职业世界缺乏了解而产生困惑。具备强大的职业生涯规划技能可以使大学生更有效地获取职业相关信息，合理地结合自身利益与社会需求来规划未来，并评估其职业目标的可行性。这将引导他们更加专注地投入到目标实现的过程中，进而提升在职业道路上成功的可能性。

第三，开展大学生职业生涯规划的研究，有助于指导他们做出更为合理的职业规划与选择。一些学生在做职业决定时常陷入短视与盲目的状态，可能会因过分关注薪酬而忽略了工作要求与个人能力和兴趣的匹配度，甚至有些学生对未来没有明确的方向。提高大学生的职业规划技巧，可以减少他们在职业探索和发展过程中的不确定性与偏差，进而节省时间和精力。此外，这也有助于他们确立职业发展的"四大方向"——心态稳定、方向明确、定位准确和个人目标清晰，从而帮助他们早日明确自己的职业方向和目标，并以平和的心态，稳步朝着既定的目标前进，逐步实现他们的职业梦想。

第四，开展大学生职业生涯规划的研究，有助于增强其核心竞争力。职场竞争归根结底是个人综合能力的较量，具备扎实的专业技能、健康的职业观念、长远的职业蓝图，以及积极的创新精神的求职者更容易脱颖而出。掌握职业规划技能的大学生，在深入了解自身的基础上，能够运用科学的方法，采取切实可行的步骤，通过学习相关知识或接受培训来提升个人能力，克服不足之处并发掘自身潜力。学生应结合自身的实际情况制定职业生涯规划，以此作为自我提升的依据，激发内在潜能，增强综合素养，从而有效提升个人的核心竞争力。

第五，开展大学生职业生涯规划的研究，不仅能够推进高等教育的教学改革，还能促进高校就业指导服务，助力高校品牌建设。在教育过程中，提升学生的职业规划能力是一个关键点。为了实现这一目标，大学相关部门及担任职业生涯规划课程的教师应当密切关注劳动力市场需求的变化，并根据实际情况及时调整课程内容，以增强教学的相关性和实用性。此外，还应根据大学生的个性化特点，激发他们的学习兴趣与自主性，以此提升他们的职业生涯规划能力，并增强其个人素养，使之成为社会所需的人才。在就业指导方面，提前引导大学生制定职业生涯规划，可以帮助他们在求职时展现积极主动的态度，从而提高高校就业服务的工作成效。高校品牌的建设与毕业生的就业情况紧密相关，强化品牌建设有助于提升大学生的就业率，而较高的就业率又会促进学校品牌的建立。因此，增强大学生的职业生涯规划能力不仅有利于提升他们的综合竞争力，使他们更受用人单位的青睐，还能为高校赢得良好的声誉。

第六，开展大学生职业生涯规划的研究，对于推动社会进步和增强国民的整体素质具有重要意义。社会、经济、科技的不断发展，对高质量专业人才的需求日益增长。培养在校大学生的职业生涯规划技能，可以促进其综合能力和核心素养的提升与发展。毕业生就业渠道的多样化有助于人才资源的有效分配，这将促进经济的持续健康发展。如今，随着高等教育普及程度的提高，有效实施职业生涯规划教育可以全面提升大学生的综合素质，进而为提高全民素质做出贡献。

三、研究的必要性

随着高等教育的大众化，大学本科乃至研究生学历不再如过去那样稀缺。过去那种认为拥有良好教育背景就能轻松获得理想职位的观点已不合时宜。在全球经济一体化、信息技术迅猛发展，以及人工智能广泛应用的当下，企业在招聘员工时不仅看重求职者的学历与专业知识，还非常关注其从业素质与实际工作能力。因此，本研究的必要性可从以下几个方面体现：

1. 国家制度与政策要求高校进行职业生涯规划教育

我国的职业生涯规划教育起步相对较晚，在初步探索阶段，清华大学是我国最早设立专门职业辅导机构的高校之一，早在 20 世纪初就开展了一系列职业指导活动。随后，在相关政策的推动下，清华大学在该领域取得了一定程度的发展。中华人民共和国成立后，国家决定"工作由政府分配"，大学毕业生通常是由国家按需求分配工作，而未能依据个人兴趣与特长自主择业，这种就业制度是国家依据当时社会经济发展实际需求制定的。随着社会发展，这种制度显现出一定的局限性。① 2007 年，国务院办公厅印发了《国务院办公厅关于切实做好 2007 年普通高等学校毕业生就业工作的通知》，这标志着我国就业指导教育的兴起。此后，随着国家教育部门对教学大纲的修订，职业指导成为大学课程体系中的必修环节，促进了个人发展规划与职业选择的结合，进而推动了我国就业与职

---

① 谢长法. 庄泽宣与近代职业指导运动 [J]. 职业技术教育，2009，30 (31)：73-77.

业发展教育的进展。伴随就业指导体系的不断完善，职业生涯规划理论的引入引起了国家和学术界的广泛关注。①

迄今为止，我国的职业生涯规划教育已经实现了多方面的进展。从我国制度环境的演进和相关政策的发展可以看出，国家日益重视大学生的职业生涯规划教育。高等院校需要适应时代的变迁，关注这一趋势，并不断创新教育服务机制以应对新的挑战。

2. 社会要求对大学生进行职业生涯规划教育

近年来，中国大学毕业生人数持续攀升。鉴于此情况，高等院校应更加重视职业生涯规划教育的实施，不断引导大学生从认识入手，关注自我，加强对职业和环境的认识，为整个职业生涯规划打下坚实的基础，并按照目标设定、决策和实施等步骤来严格操作。② 对于企业来说，在实现人员与职位理想匹配的情况下，可以达到双方共赢的效果。这种匹配不仅能够增加员工对企业的贡献，还能提升就业的稳定性，对社会的和谐与价值创造具有重要的实际意义。

3. 大学生个体成长需要职业生涯规划教育

大学生的个人发展与成长高度依赖于职业生涯规划教育。一方面，这样的教育可以帮助他们确定大学期间的发展方向和学习目标。许多大学生在经历了高中阶段繁重的学习压力后，一旦成功升入大学，往往会感到如释重负，觉得已经实现了自己的目标与梦想，学习的态度可能会有所松懈。此外，大学相对宽松的学习环境和自主管理模式进一步增加了对大学生自我约束力的考验。如果缺乏自制力，则可能对他们的学业表现产

---

① 郑宇钧. 大学生职业生涯规划［D］. 上海：复旦大学，2007.
② 陈新. 大学生职业生涯规划能否促进就业——基于郑州某高校 2009 年毕业生的统计调查分析［J］. 中国统计，2009（12）：19-20.

生负面影响，导致他们的发展目标变得不清晰。通过开展职业生涯规划教育，大学生可以将长期目标细化为一系列短期目标，从而更好地支持他们的个人成长与发展。

另一方面，职业生涯规划教育有助于纠正大学生的错误就业观。除了面对激烈的就业市场竞争外，部分大学生就业难的问题往往与他们的观念和职业价值观有关。例如，有些大学生过分看重薪资待遇，而忽视了自身能力和素质，同时也没有考虑到企业的长远发展前景，这种短视的态度不利于他们的长远发展。还有一些大学生倾向于到大城市或沿海地区就业，而对小城市或西部地区持排斥态度。另外，由于缺乏自我认知，部分大学生在择业时缺乏明确的目标，不清楚自己的兴趣所在和应该从事的工作类型，在选择职业时表现出极大的盲目性。这些都是影响大学生成功就业的关键因素。为了帮助大学生更快地实现就业，高校开始重视职业生涯规划教育，引导他们建立合理的职业目标和价值观。通过这类教育，大学生可以更有效地认识自己的个性特点和优势，准确把握自己的价值取向，从而在择业过程中避免定位不清的问题。如果大学生既不愿接受不太理想的工作，又不能找到与自己的兴趣和能力相契合的职业，那么他们就会陷入就业困难。职业生涯规划教育还有助于大学生发现自己的潜力，增强其核心竞争力。它不仅能让大学生用科学的方法认识自己和职业环境，还能激励他们学习各种知识技能，参加职业培训，扬长避短，全面提升个人能力。实际上，大学生在职业道路上的竞争归根结底是综合素质的竞争。企业通常不会聘用那些缺乏职业抱负、工作态度散漫且没有创新精神的求职者。因此，职业生涯规划可以提前让大学生了解用人单位的招聘标准（如品格、能力和性格特征），帮助他们有针对性地制定并实行规划，激发内在潜力，全面提升个人综合能力，从而有效增强自己的就业竞争力。①

第二节 国内外研究综述

一、国内外研究现状

美国在生涯教育领域的实践与研究开展较早，积累了丰富的成果，并对其他国家相关领域的研究产生了重要影响。尤其是美国管理学家唐纳德·舒伯（Donald E. Super）提出的职业生涯理论被传入加拿大后，很快在该国的职业生涯教育研究中发挥了重要作用。加拿大的学者们普遍认为，职业生涯是个人多元化生活中的一个组成部分，个人理想的职业发展路径不仅限于提升就业能力。因此，加拿大的高等教育机构在职业生涯教育中具有一个显著特点，即强调职业素养教育，并将其与专业学科教育紧密结合。我国的研究者如杨舒然等人，通过对多伦多大学和英属哥伦比亚大学的研究，详细描述了这些高校在生涯教育课程设计、课外实践学习、校企合作，以及职业指导等方面的教学模式，并深入解析了如何将职业素养教育整合进专业学习的具体方法和途径。

在吸收美国生涯教育理论精华的同时，英国、澳大利亚、日本等国家展开了广泛且深入的职业生涯教育研究。我国学者也开始了对职业生涯教育的研究。例如，刘青青和孙曼丽对英国高校职业生涯教育的总体状况进行了探讨，指出其具有合作性、专业性和平等性的特征，并据此为我国高校提供了一系列有针对性的职业生涯教育改进意见。田静与石伟平则聚焦于英

---

① 刘咏宝. 大学生职业生涯规划存在的问题及对策研究 [D]. 武汉：华中师范大学，2007.

国生涯教育的最新进展，特别关注了其中的平等性及生涯教育标准的专业化与系统化，并建议借鉴英国的经验，构建我国的职业生涯教育体系，确保相关政策的有效执行。此外，潘黎与安婷婷专门介绍了英国北爱尔兰地区面向全年龄段的职业生涯教育体系，尤其强调了该地区"一站式"生涯教育服务平台及其基于矩阵标准的质量保证机制。以上几项研究从不同角度审视了英国的职业生涯教育实践，并提出了相应的借鉴价值和启示，为我国高校职业生涯教育的创新发展提供了新的视角。然而，值得注意的是，这些研究主要集中在对英国实践经验的描述上，而对于这些实践背后的理论依据探讨较少，即更多地关注了"何为"，而忽视了"为何"的深层次讨论。

澳大利亚政府一直强调生涯教育的重要性，并致力于从国家层面制定和推行发展策略，构建全面的生涯教育网络系统，其在这一领域的实际成果值得学习与参考。潘黎与曹鑫2019年对《未来准备：一项以学生为中心的国家生涯教育战略》（*Future Ready：A Student Focused National Career Education Strategy*）的研究，全面剖析了澳大利亚全国范围内生涯教育的政策框架、组织支撑、参与机制，以及信息服务平台等方面，揭示了该国在生涯教育领域的现状。相比之下，景宏华、魏江南和魏凌云的研究则从理论与实践相结合的角度，提出了基于混沌理论的职业生涯教育中的"蝴蝶模型"。他们探讨了如何通过这一模型来提升个体面对职场突发事件的应变能力。这项研究关注的是在当前动荡且不确定的职业环境中，如何增强个人的生涯适应性，并提供了一种新颖的研究视角，与现实职场情境紧密相关，具有较高的实用价值。不过，他们的研究缺少对"蝴蝶模型"的实证分析。

日本位于东亚文化圈内，其高等教育已经达到了广泛普及的程度，并在高等教育的发展上取得了显著成就，特别是在大学阶段的职业生涯教育领域，积累了大量可供参考的经验。张秋梅曾对比分析了中日两国在高校职业生涯教育方式上的差异。她指出，日本的教育体系注重个体终身职业发展的支持，其职业生涯教育从最初的"职业指导"逐步演进至"就业指导"，并最终发展成为全面的"职业生涯教育"。日本高校采取的职业生涯教育方式包括课程讲授、职业咨询服务、课外兴趣小组及职业体验活动、毕业实习项目、产学研结合模式，以及专业网络平台咨询等多方面措施。这项研究为我国高校在开展职业生涯教育时提供了新的视角与实践策略，具有较高的应用价值。不过，该研究仍基于传统的"人—职匹配"理论框架进行探讨，而面对当今社会经济与科技的迅猛变化，这一理论的有效性有待验证。

　　我国学者对国外高校职业生涯教育实践的追踪与借鉴研究，为国内相关领域的深入探索提供了及时的信息参考，并对我国高校职业生涯教育教学改革有着重要的启示作用。然而，这类研究成果的时效性往往有限。尽管在过去某一时刻它们可能具有创新性和较高的参考价值，但在当前职场环境已经发生变化的情况下，这些成果的实用性可能会有所减弱甚至不能适用。此外，将他国的教育经验直接移植到我国并不一定奏效，要经过本土化的调整与适应性的检验，才能真正发挥作用。因此，在借鉴国外高校职业生涯教育的理论与实践经验时，我们不仅应当重视学习和参考，还应当注重对其理念和方法的消化吸收，并在此基础上实现创新和发展。

　　在我国，高等教育领域内的职业生涯教育虽然起步较晚，但研究者们在参考国外经验的同时，致力于开发符合本国特点的理论体系，并积极探索适用于本土环境的实践模式。整体而

言，我国职业生涯教育采取谨慎的态度，通过逐步推进的政策
措施来稳步实施教育实践的革新。

1. 职业生涯教育政策方面

高校的职业生涯教育并非孤立存在，而是与国家的经济发
展、政治结构及科技进步紧密相连，同时也受到教育理论演进
的影响。在政策导向上，我国对于大学生职业发展与就业指导
课程的定位，已从最初的鼓励设置逐渐转变为硬性规定，课程
性质也从选修变为必修。职业生涯规划是一门多学科融合的课
程，涵盖哲学、教育学、心理学、管理学和社会学等多个学科
的知识，其复杂性要求有坚实的多学科理论基础作为支撑。多
学科融合的特性使得职业生涯教育的研究颇具挑战性，需要来
自不同学术领域的专家共同参与，加强学科建设和顶层设计，
以促进职业生涯教育更加科学化和标准化。因此，许多研究者
呼吁在高等教育机构中建立更完善的职业生涯教育体系。他们
基于国情，正在努力创建适应本土需求的职业生涯教育理论框
架。例如，有学者基于"培养新时代青年"的理念，对现有
职业牛涯教育目标进行了批判性审视，并建议从高质量发展的
角度出发，明确培养社会主义建设者的长远目标，从而构建出
多层次的本土职业生涯教育理论体系。尽管已有大量文献从政
策现状和发展趋势的角度探讨了不同阶段的高校职业生涯教育
及其未来走向，但对于政策变迁背后所蕴含的理论演进，探讨
得相对较少。

2. 职业生涯教育内容方面

我国高等教育中职业发展的教育内容实质上是与时俱进
的，每次政策更新均与当时的社会经济发展状况及职业发展理
论相契合。作为全球高等教育体系中的重要一环，我国的高等
教育已经实现了显著的进步，并构建了世界上规模最大的高等

教育网络。在全球化进程加速推进的背景下，"人类命运共同体"这一概念已逐渐转化为实际行动。鉴于全球科技与经济的变迁及职业模式的转型，这些因素不仅对职业发展教育产生了普遍性影响，同时也体现了不同国家和地区特有的情况。总的来说，我国高等院校的职业发展教育主要聚焦于以下三个核心领域：

（1）就业指导服务

自新中国成立以来，大学毕业生主要依据"统分统配"的机制参与到国家的建设和改革之中。到了 20 世纪 80 年代初期，随着我国经济步入结构调整阶段，社会对于人才的需求呈现出多元化和专业化趋势，这使得职业指导开始受到更多关注，并逐渐成为一项专门的研究领域。吉林技工师范学院（现吉林工程技术师范学院）创办《职业技术教育》期刊，标志着职业指导研究在我国初步萌芽。进入 90 年代，随着我国经济体制改革的深入，一系列配套措施如劳动、人事、薪酬制度及教育体系的改革也在加速推进。1993 年 2 月，中共中央、国务院印发了《中国教育改革和发展纲要》，提出了"逐步实施学生缴费上学，大多数毕业生自主择业的制度"。随后，我国高等院校经历了数次大规模扩招，高校毕业生的就业制度发生了深刻变化。在此背景下，高校的职业与就业指导变得尤为重要，"个人与职位匹配、人员与岗位适应、融入职业环境"等理念也被逐步引入实际操作中。

1995 年，国家教委办公厅发布了一项通知，提议高等院校为即将毕业的学生提供就业指导选修课程，并将这些课程整合进思想政治理论课程框架中。1997 年，教育部要求各高校将原来的毕业生分配办公室转设为就业指导中心。这一调整为日后高校组织多样化的就业辅导活动（如讲座、招聘说明会等）奠定了基础。然而，在这一阶段，就业辅导主要采取临时性和集中性的报告会议形式，其方式相对粗糙，内容也较为单一，总体上并未达到预期的效果。

随着我国高等教育进入普及化阶段，高校毕业生人数逐年增加。2002年，教育部提出了深化毕业生就业制度改革的新要求，指出需要采取积极有效的措施来建立市场导向、政府调控、学校推荐，以及学生与用人单位双向选择的就业机制。这要求高校注重对学生的世界观、人生观、价值观的培养，更新他们的择业观念，并将择业教育与思想政治教育紧密结合。2003年，教育部对高校毕业生就业工作提出了更高的目标，将就业指导课程作为思想政治教育的重要内容，并纳入日常教学，对就业指导经费的投入和教师队伍的建设提出了明确要求。制度上，毕业生的就业状况被纳入高校评估指标体系，加强了对高校就业指导与服务工作的管理和考核。

（2）职业发展服务

2007年12月，教育部办公厅印发的《大学生职业发展与就业指导课程教学要求》中明确指出："从2008年起提倡所有普通高校开设职业发展与就业指导课程，并作为公共课纳入教学计划，贯穿学生从入学到毕业的整个培养过程。现阶段作为高校必修课或选修课开设，经过3~5年的完善后全部过渡到必修课。"自2008年以来，绝大多数高等院校依据教育部的规定，开设了职业发展与就业指导课程，这使得大学阶段的职业生涯教育实践得到了更加深入和广泛的发展，职业发展服务也逐渐成为学校职业生涯教育的重要环节。然而，在这个阶段，部分高校的职业发展和就业指导课程在学时和学分设置上存在不足之处，有些学校仅采用专题讲座或报告会的形式代替正规课程。随后，大学职业生涯教育进入快速发展阶段。2009

年，国务院办公厅进一步提出要求，强调各高校应将就业指导课程设置为必修科目，以增强毕业生的就业能力，特别是帮助他们理解就业政策，改进求职技巧，调整对就业市场的期望，并积极鼓励和支持毕业生投身自主创业。

（3）职业生涯教育

随着我国经济模式转型及结构调整，高校毕业生面临的就业难题逐渐凸显出结构性矛盾。因此，2011 年政府发布通知，要求各地相关部门加大力度，采取多种措施推动毕业生就业。国家鼓励高校丰富职业规划教育内容，全面实施职业发展与创业就业指导，构建覆盖整个大学阶段的职业生涯教育系统，引导学生形成正确的成长与就业态度。2018 年，教育部发文强调了就业的重要性，要求高校将职业发展与就业指导融入人才培养的过程中，实现与学科专业的结合。2020 年，普通高校毕业生人数创下历史新高，达到了 874 万人，正值毕业生求职的重要时刻，全球却遭遇了新冠疫情，这给国家经济带来了下行压力，也使得毕业生的就业形势更加严峻。为应对这一挑战，国务院办公厅、教育部相继出台文件，要求高校利用互联网资源，创新发展在线就业指导服务，确保毕业生的职业发展教育工作顺利进行。麦可思研究院发布的《2022 年中国本科生就业报告》显示，在数字经济快速发展的背景下，大学生就业呈现出专业专用性人力资本不足、就业形式多样性和过渡性等特征。报告内容提示高校要及时调整就业辅导举措，强化成长观念、职业观念和就业观念，引导学生采用"自我提升"等积极应对方式。

3. 职业生涯教育途径方面

随着职业生涯教育政策不断完善，职业生涯教育体系不断扩展，教学方式也更加丰富多样。有学者系统地分析了高校职业生涯教育的实施渠道，并总结出了多种模式，如课程教学、课外拓展、在线平台及校企联合等。课程教学不仅涵盖专业的职业发展与就业指导课程，还涉及跨学科的职业素养培养。课外活动则包括各种讲座、社团活动、竞赛及实习等实践环节。在线平台和服务则提供职业生涯咨询服务。鉴于传统就业指导方式已不再适用当前高等教育环境下的需求，建立新的就业指导模式显得尤为迫切。例如，刘慧等人提出了一种包含多元服务主体、分类管理、多路径支持，以及系统保障机制在内的精准生涯教育框架，为高校开展职业生涯教育提供了有价值的参考。课程安排是职业生涯教育的关键，一些研究指出部分高校在课程设置上缺乏规范性，且执行力度不足。此外，还有学者针对课程设计中的不足，提出了生涯教育课程的设计原则，并尝试重新定义该类课程的理念、目标和内容结构。面对后现代社会的职业环境，生涯适应力成为大学生可持续发展的关键技能。因此，现代高校生涯教育与就业指导应当鼓励学生超越传统的择业观念，教学内容应聚焦于培养学生的生涯适应力，并将其融入专业学习与课外实践中。

二、国内外研究述评

职业生涯教育的研究既关注国际趋势，又紧密结合本土实际；它不仅借鉴先进的理念，同时也进行批判性的思考；它不仅回顾历史经验，同时前瞻未来发展。通过对国内外相关文献的梳理与分析发现，现有的大部分研究集中在以下三个方面：

1. 师资队伍建设方面

职业生涯教育课程及其实践活动涉及复杂的学科知识，这要求授课教师具备较高的专业素养。目前，我国高等院校中负责职业生涯教育的教师团队成员主要包括大学生辅导员、学校行政工作人员、就业指导中心的专职教师及一些外部兼职讲

师。有学者指出，这支教师队伍在整体水平上未能达到职业生
涯教育课程的重要性和专业性要求，主要表现在教师的专业能
力和综合素质不足，且教师队伍的数量和质量均有提升空间。
此外，有学者调查多所高校的职业生涯教育师资状况后发现，
其中还存在着专业化水平较低、职称晋升路径不通畅等问题。
由此可见，虽然师资队伍建设已引起学者们的关注，但在具体
提升教师队伍的专业化水平和整体质量方面的研究仍较少，并
且未能提出有效的改进措施和发展策略。

2. 教育教学管理机制方面

目前，我国高等教育体系中的职业发展教育主要由负责招
生与就业的部门统筹管理，为即将毕业的学生提供及时的就业
资讯，并进行有目标的职业规划辅导。这是一种执行起来直接
且高效的做法，但同时也暴露出一些运作上的不足。实践中发
现，高校职业发展教育的服务体系还不够完善，缺乏高水平的
教学材料，并且学生主动参与的程度不高。面对无边界及变动
性强的职业环境的挑战，现代大学生的职业观念呈现出多样化
特征，其职业认知更倾向于自我主导。然而，现有的职业发展
教育手段较为传统，迫切需要向更为个性化、多样性和优质化
的方向转变。在教学模式上，许多教师仍旧采用以教材为中
心、单向灌输的方式授课，导致师生间的交流不足，学生的主
体作用难以体现。因此，优化职业发展教育的组织架构并推进
教学改革已成当务之急。

3. 课程评价方面

职业生涯教育的评估维度涵盖了个人层面的发展（如职
业知识、技能、态度和价值观）、组织层面的教育成果（如就
业率），以及社会经济层面的影响（如经济发展和社会公平）。
当前，国内针对职业生涯教育成效评估的研究较少，且一般集

中在评估内容上。例如，清华大学的金蕾莅和杜嘉通过学生的主观反馈评估了课程的效果。评估结果常被视为指导教育实践发展的风向标，旨在揭示问题，找出改进途径。然而，研究显示，现有的评估方法存在重知识而轻能力的问题，且评估指标简单化、评估主体单一、评估体系不够完善。现阶段，我国职业生涯教育的评估主要关注学生对课程的满意度、对教师的评价及对未来职业的认同度，侧重于升学率和就业率等量化指标，而对诸如职业观念、决策能力、规划能力和适应力等核心要素的关注不足。评估涉及的主体包括学生、教师、雇主、政策制定者、研究者等，而实际成效是多种因素在动态教育环境中互动的结果。未来职业生涯教育的研究重点应结合实际情况多进行一些基于证据的实证分析。

第三节　研究内容

在借鉴以往研究者有关高校职业生涯规划教育的著述与理论的基础上，本书将融合国际与国内在此领域的发展轨迹及实际情境，深入探讨现行高校职业生涯规划教育中的不足。研究将围绕以下几个方面展开：

第一章概述本研究的背景、目的和意义。通过考察国内外在职业生涯规划教育领域的进展，强调这种教育模式在高等教育体系中的关键作用，尤其是在促进学生个人成长、提升学校教育质量和毕业生就业能力方面的作用。本章节还详细描述了研究的具体范畴和所采用的方法论。

第二章和第三章对职业生涯规划教育相关的术语进行定义，并构建理论框架。这两章深入探讨职业生涯规划教育的基础理论及其实施路径，梳理这些理论，为后续的现状分析提供坚实的理论依据。

第四章与第五章从宏观角度审视中国高等教育机构中职业生涯规划教育的情况。此外，通过深度访谈与问卷调查的方式，选取两所地方性大学进行具体的调查研究，揭示职业生涯规划教育面临的挑战及其根源。

第六章对比分析美国、日本、澳大利亚等国家的大学在职业生涯规划教育方面的实践情况，探讨不同国家在这一领域的相似点与差异。

第七章汇总整个研究的结果，归纳研究发现，并提出改进中国高校职业生涯规划教育体系的策略与建议。

第四节　研究方法

1. 文献研究法

文献研究方法，又称为历史文献法，涉及收集并整理相关资料以获取信息，为当前的教育实践提供借鉴。通过分析文献，可以首先概述国内外的研究状况，并分析所收集的数据，进而构建大学职业生涯教育课程的理论模型。此外，这种方法还帮助梳理了职业生涯教育的历史演变过程，明确其从最初的职业指导演进至现今的职业生涯教育这一变迁路径。同时，它也促进了对国际上职业生涯教育现状的理解，从而为我国设计相应课程体系提供了有价值的参考。[①]

2. 归纳演绎法

本研究运用归纳与演绎相结合的方法，首先通过文献回顾、实地访问高等教育机构，以及在线问卷调查等多种渠道，

---

① 孔夏萌. 高校职业生涯教育课程研究 [D]. 重庆：西南大学，2013.

广泛搜集有关国内外高校职业生涯规划教育的信息。接下来，对所收集的信息进行分类与整理，深入分析不同国家高校在职业生涯规划教育方面的特色与长处，并识别其中的共同点与区别。基于这些分析结果，提炼出全球范围内高校职业生涯规划教育的成功经验和面临的问题。由此，探索出有效的职业生涯规划教育模式，为优化我国高校的职业生涯教育提供借鉴。该方法的系统应用不仅有助于深入理解当前高校职业生涯规划教育的实际情况及其挑战，还能促进合理假设的形成与检验，最终推动高质量、高成效的职业生涯规划教育方案的设计与实施。

3. 问卷调查法

通过问卷调查的形式，收集了关于大学生职业生涯成熟度的数据，为深入了解我国高校在职业生涯教育方面的现状及其影响因素提供了必要的数据支持。

4. 比较研究法

比较研究法是基于特定标准，对同一教育现象在不同条件下的表现进行对比，旨在发现这些现象中的普遍规律和特征，从而得出与实际情况相符的结论。本书采用比较研究法审视国外职业生涯教育的课程发展理论、历史演变及当前状况，并从中总结经验和教训，为我国高校职业生涯课程的开发提供参考和启示。

第二章 相关概念的界定

第一节 职业

《现代汉语词典（第7版）》对"职业"的解释是："个人在社会中所从事的作为主要生活来源的工作。"职业通常意味着一个较为长久的工作，并且工作性质相对稳定。相比之下，一份工作可能只是短期或临时性的，因此职业与单纯的工作之间存在差异。美国教育家、实用主义哲学家约翰·杜威指出，职业是一种人们用以维持生计的生活方式。另一位美国学者泰勒在他所著的《职业社会学》一书中提出，职业可以从社会学的角度理解为一系列与特定工作体验相关且已形成固定模式的人际关系，这些稳定的关系有助于职业体系的构建和职业观念的形成。日本学者保谷六郎则认为，职业是具有劳动能力的个体为了获得生活所需，并向社会发展提供个人才能的一种持续性行为。①

"职业"这一概念在英语中有多个对应词汇，如"vocation、

---

① 高昂. 大学生职业生涯规划能力培育问题研究 [D]. 郑州：郑州大学，2020.

occupation、job、work、profession、position"等，其中"voca-
tion"与"occupation"特指职业，其他词汇则更多地用于描述
工作的某些方面。"vocation"一词往往带有内在召唤或使命感
的意味，而"occupation"更侧重于外部环境的影响和实际工
作状态。随着我国高等教育领域内职业生涯规划课程的推广，
相关研究也在不断深化。程社明提出，职业是通过社会分工，
运用专业知识和技术为社会创造物质与精神财富，并从中获得
合理报酬作为生活来源，同时满足精神需求的工作。然而，也
有其他观点认为职业是劳动者能够长期从事并获得报酬的一种
劳动角色。20世纪90年代，"打工"逐渐成为一种社会现象，
但其关注点并不是教会人们如何进行简单的临时工作，而是强
调了解职业的技术要求和岗位职责，从而选择能够展现个人专
长并带来成就感和职业满意度的工作。从组织行为学角度来
看，职业是组织为大众提供的谋生手段之一，这实际上反映了
现代社会的一种层级结构。从个人视角来看，职业则是个体在
其生命历程中持续从事的一系列活动。由此可见，职业具备稳
定性、专业性、发展性三个特征。

第二节　职业生涯

"职"通常代表的是职位与职责，"业"则指的是事业或
行业。因此，"职业"是指个人在社会上从事的一种特定活
动，个人要承担一定的职位，并履行其相应的责任。根据
《辞海》的解释，"生涯"一词是指一生的极限。沈炯的《独
酌谣》里说："生涯本漫漫，神理暂超超。"同时，"生涯"一
词又指生计，马致远在《汉宫秋》楔子里说："正是：番家无
产业，弓矢是生涯。"因此，"生涯"指的是通过从事某项活

动或职业而形成的生活方式，反映了一个人生命历程的轨迹。所谓"职业生涯"，即英文中的"career"，涵盖个人在其成长过程中所经历的所有与职业相关的活动及行为，包括整个生命中关于工作的各个方面及其对生活的综合影响。学者李 E. 伊萨克森（Lee E. Isaacson）和杜安·布朗（Duane Brown）指出，职业生涯体现了个人在其一生中的职业态度、愿望、情感需求及价值观念的整合。同样，美国研究者唐纳德·舒伯（Donald E. Super）认为，个人在能力、兴趣、人格特质上均有差异。每个人在人格特质上各有所长，每个人均适合从事许多种职业。每种职业均要求特别的能力、兴趣、人格特质，但是有很大的弹性允许个人从事某些不同的职业，也允许某些不同性格的个人从事同样的行业。个人职业喜好、能力、工作环境和自我概念随着时间与经验改变，因此职业的选择适应成为一种持续不断的过程。这种过程构成一系列的生活阶段——成长、探索、建立、维持和衰退。[1] 简而言之，职业生涯概括了一个人一生中的职业发展和生活经历。[2]

第三节　职业生涯规划

职业生涯规划是什么？对于这一概念，不同学者有不同的见解，这些研究为后续深入探讨职业生涯规划提供了理论基础。"职业生涯规划之父"弗兰克·帕森斯（Frank Parsons）

---

① 刘维华. 大学生职业生涯规划与就业创业指导［M］. 徐州：中国矿业大学出版社，2022.

② 王亚. 美国大学生 EPSA 职业生涯规划辅导模式研究［D］. 南充：西华师范大学，2019.

在著作《职业选择》中首次引入了"职业生涯规划"这一概念①。帕森斯认为，选择职业不仅仅是找到一个谋生的手段，更重要的是对个人生活进行整体规划。② 美国学者艾利·金兹伯格（Eli Ginzberg）将职业生涯规划分为三个阶段：幻想阶段、尝试阶段和现实阶段。在幻想阶段，个人往往表现出不切实际的倾向，不会考虑到自身的实际情况和社会需求。进入尝试阶段后，人们开始将自身的条件与现实环境相结合，不仅考察职业特征，还会评估并提高自己的能力和综合素质。在现实阶段，则更加注重客观实际，设定具体且可实现的职业目标，避免盲目性和不切实际的想法。③ 美国心理学博士杰弗瑞·格林豪斯（Jeffrey H. Greenhaus）将职业生涯划分为五个阶段：职业准备阶段、进入组织阶段、职业生涯初期、职业生涯中期、职业生涯后期。一是职业准备阶段，在这一时期，个人主要致力于技能的提升与个人职业目标的明确；二是进入组织阶段，在这一阶段个人需要基于对职业环境的理解做出合适的职业选择；三是职业生涯初期，个人在这个阶段的重点是适应职场环境，并为未来的职业道路打下坚实的基础；四是职业生涯中期，此阶段的任务是深化职业理解，尽心尽力地完成工作任务，并取得职业成就；五是职业生涯后期，在这一阶段中，持续性和稳定性成为关键，对于那些已经辛勤工作了大半辈子的人来说，维持已有的职业成就，或为即将到来的退休生活做准备变得尤为重要。美国著名职业指导专家埃德加·施恩（Edgar H. Schein）指出，职业生涯对每个人来说都是一个不

① 高昂. 大学生职业生涯规划能力培育问题研究 [D]. 郑州：郑州大学，2020.
② Parsons F. Choosing a Vacation[M]. Boston：Houghton Mifflin，1909.
③ 谢守成. 大学生职业生涯发展与规划 [M]. 武汉：华中师范大学出版社，2009.

断学习与探索的过程。在这个过程中，个人需要依据自身的才能、需求、动机及价值观来构建与职业相联系的自我认知。在我国，学者们对职业生涯规划也有不同的见解。例如，王伟等专家认为，职业生涯规划是个体对未来职业发展的蓝图设计与构想，体现了个人对未来职业路径的期望。李晓红则将职业生涯规划定义为个体将自身的需求与组织的需求相融合的过程，通过分析影响职业发展的主观与客观因素，确定个人的职业目标，并制定相应的工作和培训计划，同时合理安排时间，这一系列步骤共同构成了自我认知、职业分析、目标设定与计划制定的有机整体。[①] 石建勋提出，理想的职业生涯规划应当具有可行性、及时性、灵活性和持久性的特征，个人应当找到最能展现其优势并实现自我价值的位置。[②] 黄俊毅等研究者提出，职业生涯规划的核心在于在自我认知的基础上明确个人的职业方向，并制定相应的策略，以此减少盲目追求目标所导致的问题，并降低求职失败的风险，从而为个体的职业成功与满足提供一条高效的路径。何二毛与冯霞依据时间跨度将职业生涯规划分为四个层级：三年的短期规划，三至五年的中期规划，五至十年的长期规划，以及贯穿整个职业生涯的全面规划即人生规划。[③] 有学者指出，在更广泛的定义下，职业生涯规划不仅包含设定职业发展目标和设计路径的过程，还涉及在职业发展中利用各类信息与手段以实现更大成功的实践。简而言之，这意味着每位大学生都需将自己制定的职业蓝图转化为实际行

----

①　李晓红. 职业生涯导向的人力资源管理 [J]. 航天工业管理，2003（5）：25-27.

②　石建勋. 职业生涯规划与管理 [M]. 北京：清华大学出版社，2012：10.

③　何二毛，冯霞. 大学生职业规划与创业导航（修订版）[M]. 北京：科学出版社，2016：8.

动。狭义上的职业生涯规划主要聚焦于职业定位、目标确立及发展路径的设计。在制定职业规划的过程中，个人需要综合考量主观与客观因素，通过系统地分析自身兴趣、性格特点、技能优势等方面，进行精确的自我定位。同时，还需考量当前的社会、经济状况，以此为基础确定个人的职业发展目标，并制定出最佳的职业发展计划，为实现这些目标和理想提前规划具体的行动步骤与时间安排。[①]

第四节　职业生涯规划教育

职业生涯规划教育围绕"职业生涯规划"这一概念展开。职业生涯规划指的是个人在综合分析与评估影响其职业发展的各种主观与客观因素的基础上，确立职业目标，并预先制定出一套系统的自我管理和规划方案，以实现这些目标的过程。[②]由此可见，职业生涯规划教育为个人提供涉及职业选择、发展及决策等方面的知识与指导。这一教育理念的产生最早可追溯至20世纪初由美国的帕森斯教授发起的职业指导运动。帕森斯教授强调，职业指导的核心在于帮助求职者深入了解自身特点，并获取相关职业信息，进而通过整合上述信息做出合理的职业选择。20世纪50年代，舒伯在此基础上进一步扩充了生涯辅导的概念，他提出的理论不再局限于职业选择，而是涵盖了个体在其生命各阶段中的生涯发展需求，为人们的职业规划和决策提供了更为细致的支持。1971年，美国教育总署署长

　　[①]　王亚. 美国大学生 EPSA 职业生涯规划辅导模式研究 [D]. 南充：西华师范大学，2019.

　　[②]　赵北平，雷五明. 大学生生涯规划与职业发展 [M]. 武汉：武汉大学出版社，2006：12.

西德尼·马兰（Sidney P. Marland）提出了"职业生涯教育"的概念，强调这种教育形式内容广泛，贯穿个人成长的各个时期。随后，美国教育部门对此进行了定义，将其描述为一个从幼儿园阶段持续到成年的长期教育项目，按照职业生涯的认识、准备和熟练三个阶段逐步推进。① 根据马兰的定义，职业生涯教育是一个全面的教育方案。该方案遵循包括职业意识、职业探索、职业定位、职业准备，以及职业技能发展的阶段性步骤，帮助学生掌握生存技能，并构建个人的生活模式。② 许永熹指出，职业生涯教育的核心在于帮助个人了解真实的工作环境，并探索自身可能的发展路径，以便能够做出更合适的选择与规划，做好相应的准备。这使得个人在不同的人生阶段都能感到适应与满足，并最终实现个人与社会的价值。③ 根据学者们的看法，职业生涯规划教育不仅仅为未来的个人发展提供基础指导和辅助，更是一项具有长期性和综合性的教育活动。

综上所述，职业生涯规划教育是一种系统性的指导活动，帮助学习者全面认识自我，深入探索职场环境，并据此设定与个人特质及发展需求相匹配的职业目标与行动方案，从而为未来的职业道路打下坚实的基础。

第五节　高校职业生涯规划教育

郑文博指出，大学的职业生涯规划教育应当通过整合校内

---

① 韩晓玥. 日本普通高中学生职业生涯教育研究［D］. 大连：辽宁师范大学，2009.

② 黄天中. 生涯规划——理论与实践［M］. 北京：高等教育出版社，2007：6.

③ 孔夏萌. 高校职业生涯教育课程研究［D］. 重庆：西南大学，2013.

外的各种资源，系统性地支持大学生实现其职业发展的长远目标。这种教育不应仅限于学生在校期间，而应是一个能持续适应社会变化的过程，即便在学生毕业后仍应得到延续。高校可通过课堂教学、课外实践、教育管理和校企合作等多种渠道，为学生提供有关职业目标设定、职业规划、求职技巧、就业价值观念等方面的指导，以此促进学生的个人职业成长与成功转型。①

---

① 郑文博. 新时代高校职业生涯规划教育体系完善的研究 ［D］. 天津：天津大学，2021.

第三章 职业生涯教育的发展阶段 及相关理论基础

第一节 职业生涯教育的发展进程

在欧美国家广泛实施的职业生涯教育，在我国高等教育机构中通常被称为就业指导。我国在职业生涯理论体系与方法的应用方面，仍处于吸收国际经验并尝试本土化的初期阶段。因此，目前对于职业生涯教育的认知，主要集中在帮助学生依据自身特长与兴趣寻找合适工作的层面。在引入国外高校职业生涯教育模式时，我们还需重视对这些模式演进历程的研究。西方在职业指导经历一定历史阶段后，为重构职业咨询概念提出了"生涯教育"这一术语，该术语随后成为职业指导的一个子领域，体现了研究者对促进个体生涯发展的思考。20世纪，职业生涯教育的理念经历了三个重要发展阶段：20世纪初至20世纪40年代末，是以职业指导为主导的时期；20世纪50年代至60年代，职业指导逐渐转向生涯辅导；20世纪70年代至今，进入全面的职业生涯教育阶段。

一、20世纪初至20世纪40年代末：职业指导阶段

职业生涯教育的实践最早以职业指导的形式出现。职业指

导是指专业机构协助求职者明确职业方向、做出职业选择、准备就业并促进职业发展的咨询与指导过程。作为一种重要的社会活动，职业指导是西方国家在经历职业结构变革和技术进步引发的社会矛盾后，为解决就业难题而产生的举措。1908 年，美国波士顿大学的帕森斯教授创立了世界上首个职业指导机构——波士顿地方职业局。该机构类似现代职业介绍中心，引导人们接受职业培训，并帮助其选择适合的职业路径。1909 年，帕森斯撰写《选择职业》（*Choosing a Vocation*），在书中首次提出"职业指导"（Vocational Guidance）这一术语，标志着职业指导活动的正式开始。帕森斯提出的"人—职匹配"理论开创了职业指导理论的先河，并形成了一种将个人特征与职业要求相匹配的指导模式。这不仅确立了职业指导在现代社会中的重要地位，也标志着职业指导理论体系的建立。这些早期的职业指导活动为后来职业指导事业的发展奠定了坚实的基础，并使之成为一种具有系统性和专业性的活动。因此，帕森斯被视为职业指导领域的奠基人。此后，职业指导逐渐被传播到苏联、日本、德国、加拿大等国家，并受到社会各界的广泛关注与支持。

1913 年，"全国职业指导协会"（National Vocational Guidance Association，NVGA）在美国创立，1985 年更名为"全国职业发展协会"（National Career Development Association，NCDA）。该机构致力于整合教育、就业、生活及社会等多个领域的工作。其主要职责在于统筹并组织实施全国范围内的职业指导活动。最初的职业指导（又称为职业咨询或职业引导）依据"个人特质与职业相匹配"理念，为职业抉择中面临困惑的人提供帮助和支持。随着这一理念的推广与深化，学校开始设置职业指导课程。1916 年，哈佛大学首次为学生开设了职业指导课程。

20 世纪初的职业指导运动以心理测量学为基础，体现科学理性精神。在此期间，心理测评工具开始在职业咨询领域得到广泛应用。1917 年起，心理测试被引入职业辅导中，在美国社会赢得了良好的认可度，职业辅导也因此逐渐普及。随着心理学领域的不断进步，心理评估已成为职业规划中不可或缺的一部分。例如，1927 年斯特朗（E. K. Strong）发布的职业兴趣量表和 1928 年豪尔推出的特殊性向测验，促进了教育、社会工作与心理测试在职业规划中的有效融合。

帕森斯的思想推动了从 1900 年至 1920 年间职业指导领域的广泛实践。然而，在 20 世纪 20 年代之后，随着杜威的进步主义教育理念逐渐占据主流，职业指导在学校中的重要性有所减弱。直到 1932 年，美国职业指导专家威廉逊（E. C. Williamson）创立了"明尼苏达指导学派"，并在大学中推广职业指导。他于 1939 年出版了《怎样对学生咨询》一书，详细阐述了他的职业指导理论框架，这套理论包括分析、整理、诊断、预测、咨询和追踪六个步骤。威廉逊的方法因其直接提供职业选择建议的特点，被称为"指导学派"。后来，约翰·霍兰德（John Holland）在帕森斯提出的"人—职匹配理论"基础上，提出了一种人格类型与职业类型相匹配的模型。根据该模型，个人和职业可被分为六种类型：现实型、研究型、艺术型、社会型、企业型及常规型。为了评估不同类型的人格特征，霍兰德开发了职业偏好量表（VPI）和自我导向探索量表（SDS）两种工具，帮助个人更好地理解自己的人格类型。这一时期的成就主要体现在两方面：一是提升了职业指导的重要性，认识到人们需要专业的帮助才能做出科学的职业选择；二是通过合理的、科学的方法，提出了"人—职匹配"概念，推动了职业指导朝向更加科学和系统的方向发展。尽管如此，这种方法也存在局限性，比如它将职业选择视作一个静态的决策过程，而不是一个动态的发展历程；过度依赖指导者而非咨询者的主观能动性；过多依赖心理测量工具，而忽视了社会经济因素的影响。

二、20 世纪 50 年代至 60 年代：职业指导向生涯辅导的转化阶段

自 20 世纪 50 年代起，职业指导领域经历了两个显著变革。首先，职业指导从单纯的一次性职业选择转向了一个更为动态的过程，开始关注社会学与经济学对职业选择的影响，并将职业行为纳入个人发展的框架进行研究。其次，职业指导逐渐演变为生涯辅导，这种方法更注重人性化，强调咨询者的积极作用，而非仅仅提供即时的信息或简单地匹配职位。这一时期的指导理念强调职业辅导中的心理因素，并且将个人发展与职业发展整合为一个有机的整体。金兹伯格是职业生涯发展理论的早期倡导者之一，在 1951 年提出了一个新的心理学视角的职业发展理论，超越了传统的"特质—因素"理论。金兹伯格认为，职业生涯的发展是一个贯穿整个生命周期的过程，其间充满了不确定性和不可逆性。他的研究集中在个体从童年到青年早期在职业选择过程中的思想和行为模式，并将职业选择过程分为幻想阶段、实验阶段和现实化阶段。其中，幻想阶段是指在 11 岁之前，儿童的职业选择主要受兴趣影响，而不考虑自身能力和外部条件；实验阶段则是在 11 至 18 岁之间，青少年会更加全面地评估自身的职业选择因素，包括兴趣、能力和价值观；而现实化阶段是在 17 岁之后，个体根据实际情况做出职业决定。尽管金兹伯格的理论早期对理解职业生涯发展具有重要意义，但并未全面涵盖整个职业生涯历程，因此在

这方面的影响不如舒伯。舒伯在其职业生涯理论中，结合了"特质—因素"理论、发展心理学及个人结构理论的研究成果，提出了生涯发展的五个阶段：成长、探索、确立、维持和衰退。舒伯强调职业发展与个人发展之间的互动关系，认为个人是通过各种生活角色和职业角色的结合来塑造其职业路径的。他的理论以生命周期为基础，描述了各生命阶段中职业任务的变化情况。

20 世纪 60 年代，心理学领域的进步推动了职业指导向生涯辅导的转型。人本主义心理学家卡尔·罗杰斯（Carl Rogers）提出了一种新的咨询方法——当事人中心治疗。该方法的核心理念在于咨询师信任咨询对象的个人体验，并认为每个人都有内在的能力理解和解决问题。因此，咨询师的角色不是直接干预，而是创造一个支持性的环境，让咨询对象能够自主成长。罗杰斯认为，咨询过程中最重要的因素是咨询师的态度和咨询关系的质量，而不是具体的技巧或理论知识。罗杰斯的观点强调了要尊重咨询对象，与以往以指导为主导、依赖心理测试的传统职业指导模式形成鲜明对比。在生涯发展理论与心理学研究的共同作用下，职业指导逐渐演变为生涯辅导，其主要特点包括：第一，职业选择从单一事件转变为持续的过程，关注点从初次就业转向整个职业生涯的发展。这种转变不仅更好地适应了社会变迁，也更贴近个体实际需求。社会环境的快速变化加深了人们对职业规划的认识，促进了对职业生涯管理的需求。与此同时，人们对工作的态度、就业形式，以及职业成功的标准都发生了显著变化。第二，生涯辅导重视对不同生命阶段职业发展的研究。根据生涯发展理论，个人的职业心理从幼年开始形成，并随着个人的成长经历演变。尽管每个人的生涯轨迹各异，但在相同年龄段内通常会显现出相似的职业特征、需求、发展目标。理解这些阶段性的变化有助于个人更好地规划自己的职业道路。第三，新的职业辅导模式突出了咨询对象的主体地位，强调个人在生涯规划中的主动性和创造力。这种方法改变了过去简单的信息传递模式，转而培养咨询对象自我发现与决策的能力。

三、20 世纪 70 年代至今：职业生涯教育阶段

1970 年，"生涯教育"概念由美国联邦教育委员会的詹姆斯·艾伦（James Allen）正式提出，他建议教育目标应转向"工作导向"。随后，美国教育总署署长马兰积极推广了这一概念，促成了以"生涯教育"为中心的教育变革。自 20 世纪 70 年代起，在社会变迁的大背景下，对个人职业技能和职业态度的要求日益提高。同时，用人单位普遍反映教育体系未能培养出他们所需的人才，加上青年失业率居高不下和学生缺乏学习动力等问题，促使政策制定者寻求解决方案。生涯教育注重个人发展的全面性，并强调教育与职业之间的融合，这使其成为教育改革的关键理念。马兰认为，教育应当以学生未来的职业生涯为核心，要为学生提供更多的生涯选择机会，帮助他们为接受高等教育或踏入职场做好准备。1973 年，美国工艺教育学会发布的一份报告强调，生涯教育是一个综合性的教育框架，涵盖学校课程中的所有训练，旨在帮助每位学生获取做出合适生涯决策的能力及掌握其所需的工作技能。生涯教育适用于所有学生，贯穿他们的整个生命历程。根据马兰的观点，生涯教育应该成为所有学生课程的一部分，贯穿从小学到高中的各级教育，确保即便是中途辍学的学生也能掌握基本的生活、工作技能。因此，生涯教育不仅仅是一种职业培训或指导，更是一种新的教育理念，融合职业教育与通识教育，并将其贯穿个人一生。进入 20 世纪 90 年代，将生涯教育与职业教

育和通识教育相结合的想法成为全球教育发展的重要趋势。在这一背景下，一些国家发起了"从学校到生涯"（School-to-Career，以下简称 STC）运动，逐步形成了一种新的职业教育观念。这一理念与杜威在其著作《民主主义与教育》中所表达的思想一致，即不应将职业教育与通识教育对立起来。STC 的核心在于为学生从学校过渡到职场做准备。STC 包括强化通识教育，培养终身学习能力；制定针对广泛职业领域的技能标准，提供相关的职业技术教育与培训；并在工作过程中持续学习，提升对职业变化的适应力。STC 的核心观点是人们只有通过终身学习，才能应对技术和技能的不断变化，从而增强劳动力的适应性。

如上所述，这一时期的生涯教育理论发展主要体现在以下几个方面：第一，它强调个人的主体性和主动性选择，更加重视个人的主体价值。生涯教育理念促使人们从过去的物本位观念转向以人为本，避免了在职业规划过程中将个人视为被动接受者的倾向。此外，它还突出了认识和探索职业及其他身份对个人内在意义的重要性，鼓励自我驱动的学习和发展愿望，并倡导教育应赋予个体更多的生涯选择自由，涵盖知识、技能及态度等多个维度。第二，它主张连接教育与职场，贯穿个人终身发展的全过程。它采用了一种动态发展的视角，将教育、培训、就业、转岗及职业成长整合进统一的生涯管理框架之中，这有助于打通从学校到职场的过渡路径。第三，它还强调整体性视角，即看待个人发展不应局限于单一维度。在现实生活中，每个人都是多面的，承担着不同的社会角色。职业生涯教育理念虽强调职业生涯是个人发展中的一条主线，但同样重视职业生涯教育与其他生活领域的相互影响，它有助于塑造对生活的整体感知。

第二节　国内职业生涯规划教育发展情况

国内的生涯教育启动相对较晚，虽然现在一些经济较为发达的南部省份已经开始在基础教育阶段引入生涯教育内容，但受应试教育的影响，这类职业生涯规划教育的实际效果仍有待提升，因此大学阶段往往被视为实施生涯教育的关键时期。从国内高等教育体系中职业生涯规划教育的发展脉络来看，这一过程大致可以划分为三个主要阶段。

第一阶段是国内职业生涯规划教育的萌芽期。1916 年，时任清华大学校长的周诒春率先在校内引入心理测验以辅助学生进行职业选择，标志着早期职业生涯规划辅导的开启。紧接着在 1917 年，中华职业教育社及其职业指导部门成立。邹韬奋在 1922 年至 1926 年间编译了多部有关就业指导的书籍，并提出了一套初步系统化的就业指导理念。1949 年中华人民共和国成立后，国内的职业生涯规划教育经历了一段从停顿到复苏的过程。直到 1978 年，随着党的十一届三中全会的召开，经济体制开始转型，职业生涯规划教育获得了复苏的机会，再度成为关注焦点。在此期间，我国开始创建职业技术学校及劳动服务企业，职业指导变得迫切。1986 年，中华人民共和国劳动人事部编写了《就业指导》，阐明了我国劳动就业的基本原则与政策、职业分类及职业选择等内容，这被视为国内职业生涯规划理论的一个重要里程碑。这一时期可视作国内职业生涯规划教育发展的第二阶段。自 20 世纪 90 年代末起，国外职业生涯规划教育的理论和实践经验逐渐引起注意，国内学者尝试将这些理论与本国实际情况结合，这是国内职业生涯规划教育发展的第三阶段。进入 21 世纪，国内对于职业生涯规划教育的研究日益增多并持续深化，通过借鉴国际经验并与我国高等教育实际结合，逐步形成了具备中国特色的高校职业生涯规划教育理论体系。尽管国内职业生涯规划教育的研究起步较晚，但其理论发展迅速，代表性作品包括孙震瀚的《国外职业指导》、侯志瑾等人翻译的《职业生涯发展与规划》等。此外，还有张再生编著的《职业生涯开发与管理》、黄士安主编的《大学生职业生涯规划与就业指导》，以及陈社育主编的《大学生职业心理辅导》等作品相继问世，这些都极大地推动了国内职业生涯规划教育的进步。2007 年，教育部印发《大学生职业发展与就业指导课程教学要求》，强调自 2008 年起倡导所有高校开设职业发展与就业指导课程，并将其作为公共课程纳入教学计划，贯穿学生从入学到毕业的全过程。各高校应根据具体情况制定教学计划，按年级设定相应学分，建议总学时不少于 38 学时。自此以后，国内高校对职业生涯规划教育的关注度日益增加，近十年来，高校职业生涯规划教育体系建设主要集中在教育学、管理学及心理学三个领域，以促进大学生的全面发展。不过，我国职业生涯规划教育的研究仍处于初级探索阶段，尚缺乏系统的理论支持，在资金、组织建设和师资队伍上与国际水平相比仍有较大差距。

第三节　高校职业生涯教育的相关理论

在职业生涯发展的学术探讨中，随着时代变迁及研究深度的增加，逐渐形成了几个核心理论：职业选择理论、职业发展理论、职业决策理论。这些理论促使人们对职业指导的认识从传统的职业教育向更为全面的生涯教育转变。同时，它们的出现也让学生的生涯规划成为教育研究与实践中的一个关键部分，并赋予了职业生涯教育科学的方法论基础。

一、职业选择理论

在探讨职业成长路径时，早期的观点往往倾向于将职业发展视为发生在特定时间点的现象，即视为个人生命历程中的某个特定时刻的状况。基于当时对环境变化感知较为有限，研究视角自然地聚焦于空间维度，并以此为切入点来分析职业发展的框架结构。在这种设定下，职业发展的结构化探究主要围绕两个核心要素的协调性展开：作为主动方的个体与其所处的职业环境及该环境中的一切客观要素。因此，个人与工作环境之间如何实现最佳匹配，便成了早期职业发展研究的核心议题之一。

1. 特质—因素理论

特质—因素理论源于人格心理学，强调个人需求、兴趣、价值观及性格特点与职业选择之间的契合度。这一理论主张利用科学的方法评估个人的性格类型，并将其置于特定的工作环境中，旨在根据评估结果向人们推荐合适的职业方向，从而辅助其规划职业。1909 年，美国波士顿大学的帕森斯教授在其著作《职业选择》中首次提出了"人—职匹配"理论。帕森斯认为，在职业选择过程中，个人独特的人格模式应当与其所从事的职业类型相匹配。在此理论框架下，"特质"指的是可由心理测评工具衡量的能力倾向、兴趣、价值观及性格特征；"因素"则指人们胜任某一职位所需的条件或资质，这些因素可通过职位分析获得。该理论的核心在于，每个人都有独一无二的特质和能力，而不同的职业也对应着不同的要求。心理评估可以帮助个人认识自我，进而寻找能够充分发挥自身特质与能力的职业。根据这一理论，职业顾问首先会实施一系列测评，以便了解学生的个性特征，并据此提供自我评估的帮助；同时，还会提供关于职业的信息，特别是各职业对工作者的具体要求，最终实现个人与职业的有效匹配。

特质—因素理论的目标是促进学生个人特质与职业需求之间达到最佳契合，从而在就业市场中实现更高的匹配效率。这不仅有助于人们充分发挥个人才能，还能提升整体的工作效能，实现职业指导的根本目的。该理论强调心理测量技术的应用，通过评估学生现有的能力和水平，帮助他们基于测试结果做出更为理性的职业规划，减少职业决策过程中的不确定性和盲目性。特质—因素理论的核心在于将个人的人格特征与职业环境的要求相匹配。它基于以下几点假设：每个人都有自己独特的性格特征，人们可以通过科学的手段了解这些特征；每种职业都有其特定的需求和条件，适合具有相应特质的人群；职业的选择可以是一个有序且合理的过程；并且，个人的内在特质与职业岗位要求之间的吻合度越高，个人在职业道路上取得成功的概率也就越大。该理论根据差异心理学，指出个体在成长和发展过程中存在多样性。每个人都有个性特征，这些特征与特定职业的要求之间存在联系。人们可以通过科学的方法对个性特征进行客观评估，而职业的需求也可以被详细分析。职业指导的目的就在于解决个人特征与职业需求之间的匹配问题，以实现合理的对接。职业指导专家的评估，可以揭示求职者的生理和心理特征，并分析不同职业对个人的具体要求。这样可以帮助求职者更清晰地认识自我，并理解各种职业的特点，从而在充分了解自身情况和职业要求的基础上，做出更加理智的职业选择。① 特质—因素理论的核心思想是在深入了解个人主观条件和社会职业需求的基础上，对比并匹配个人与职业岗位，最终选择一个与个人特质相符的职业。这种方法减少了职业指导过程中的盲目性，因此具有一定的积极意义。

然而，特质—因素理论也存在明显的局限性。首先，它过度依赖心理测量技术，而心理测验并不足以全面准确地反映求职者的实际心理特征。其次，该理论侧重于建立个人与职业间的静态对应关系，未能充分考虑到快速变化的社会环境对职业选择的影响，这意味着一次测试的结果可能无法适应现代社会中职业的快速变迁。此外，特质—因素理论忽略了社会因素在个人职业选择中的作用，使得其在实际应用中较为僵化。过分强调个人特质与职业的匹配，而现实中，影响人们选择职业的因素是多方面的。尽管如此，这一理论在日本、英国、加拿大等地仍被广泛采纳，并且在我国的职业指导实践中也起到了重要作用。到了 20 世纪 50 年代，随着舒伯的生涯发展理念的兴起，特质—因素理论逐渐失去了主导地位。

2. 霍兰德的人格类型理论

霍兰德在 20 世纪 60 年代提出了人格类型理论。这一理论是在特质—因素理论的基础上发展而来，强调的是个人的人格类型与职业类型的匹配。霍兰德的理论吸纳了人格心理学的关键概念，指出职业选择实际上是个体人格的体现和延续。

（1）个人与环境之间的关系

大多数社会科学家认为，个人的生理特征与社会环境的变

---

① 李晓波，李洪波. 大学生职业生涯规划与发展 [M]. 北京：化学工业出版社，2010.

化都会对其行为产生影响。在评估一个人时，我们不仅要考虑其天生的个性特征，还应关注其成长或生活所处的环境特点。人格类型理论从一开始就注重个人与环境之间的匹配度。霍兰德认为，人们在选择职业时，应该尽量扩大职业选择的范围，科学合理地进行自我评估，了解并归纳自己的兴趣爱好，根据自己的能力进行职业生涯规划，并在具体的生涯规划过程中探索、理解工作世界，进行合理、有效的职业选择。霍兰德指出，职业选择应该是一项深思熟虑的决定，体现了个人的动机、知识、个性和能力。职业不仅是一系列任务和技能的集合，而且是一种生活方式的体现，代表着一种特定的社会角色和生存方式。因此，选择一个职业也意味着一系列信息，包括个人的工作动机、对职业的态度，以及对自己能力的认知。虽然专门的职业选择思考可能并不全面，会存在疏漏，但它确实有助于人们做出更加合适的选择。①

（2）理论假设

人格类型理论是基于以下一系列假设构建的：首先，在我们所处的文化环境中，大多数人的人格特质可以被归为六种核心人格类型之一，即现实型（Realistic）、研究型（Investigative）、艺术型（Artistic）、社会型（Social）、企业家型（Enterprise）、传统型（Conventional）。具有这六种人格类型特征之一的个体，往往对与之相匹配的职业领域表现出兴趣。其次，现实世界中有与这些人格类型相对应的六种工作环境：现实型、研究型、艺术型、社会型、企业家型、传统型。再其次，个人倾向于寻求符合自身特质的职业环境，在这样的环境

---

① 雷蒙德·A. 诺伊，约翰·R. 霍伦贝克，巴里·格哈特，等. 人力资源管理基础 [M]. 雷丽华，译. 北京：中国人民大学出版社，2005.

中，他们可以有效地运用自身的技能和才能，展现个人的态度及价值观，并完成有意义的任务。最后，个体的行为是由其人格特质与所处环境特征相互作用决定的。①

（3）人格类型与职业类型匹配模型

基于上述理论框架，霍兰德发展出了一套关于个人性格特征与工作环境相匹配的模型。他提出，当个体的性格类型与工作环境相契合时，就能实现最佳的适应性。这样一来，个人可以找到适合自己的职位，而工作岗位也能匹配到恰当的员工，从而充分发挥个人的能力和工作热情。霍兰德所定义的六类个人性格特征及其对应的工作环境类别，具体如表 3-1 所示。

表 3-1　人格类型与职业类型的匹配模型

类型	劳动者的人格特点	行业	职业
现实型	（1）愿意使用工具从事操作性强的工作 （2）动手能力强，手脚灵活，动作协调 （3）不善言辞，不善交际	各类工程技术工作、农业工作。通常需要一定体力，需要运用工具或操作机器	工程师、技术员、机械操作工人、公交车司机、测绘员、绘图员等
研究型	（1）抽象思维能力强，求知欲强，肯动脑，善思考，不愿动手 （2）喜欢从事独立和富有创造力的工作 （3）知识渊博，有学识才能，不善于领导他人	科学研究和科学试验工作	自然科学和社会科学方面的研究人员、专家，化学、冶金、飞行器设计等方面的工程师、技术人员等

① Gati I, Krausz M, Osipow S H. A taxonomy of difficulties in career decision making[J]. Journal of counseling psychology, 1996, 43(4): 510.

续表

类型	劳动者的人格特点	行业	职业
艺术型	（1）喜欢以各种艺术形式的创作来表现自己的才能，实现自身价值 （2）具有特殊艺术才能和个性 （3）乐于创作新颖的、与众不同的艺术成果，渴望表现自己的个性	各种艺术创作	音乐、舞蹈、戏剧等方面的演员，广播节目主持人、编辑、摄影师、设计师等
社会型	（1）喜欢从事为他人服务和与教育相关的工作 （2）喜欢参与解决人们共同关心的社会问题，发挥自己的社会作用 （3）比较看重社会地位和社会道德	各种直接为他人服务的工作	教师、医护人员、行政人员、服务行业的管理者、服务人员等
企业家型	（1）精力充沛、自信、善于交际、具有领导才能 （2）喜欢竞争，敢于冒险 （3）喜欢权力、地位和物质财富	组织并影响他人共同完成既定目标的工作	企业家、政府官员、管理者等
传统型	（1）习惯按计划办事，习惯接受他人的领导 （2）不喜欢冒险和竞争 （3）工作踏实、忠实可靠	各类与文件档案、图书资料、统计报表等相关的科室工作	会计、打字员、秘书、保管员、图书管理员、邮递员等

3. 选择理论与大学生职业生涯发展

根据特质—因素理论的观点，个人的职业生涯发展可以被视为一系列职业选择的结果。在这个过程中，有三个关键步骤：首先，个人需要认知自我，包括对自己的倾向、成就、兴趣、价值观及性格特征的理解；其次，获取有关职业的具体信息，涵盖不同职业的特点、分类及其所需的各项能力和特质；

最后，整合上述信息，做出职业决定，并制定相应的行动计划。因此，对于还未完全踏入职场的大学生而言，进行有效的自我评估、搜集并分析职业环境的信息，并据此做出适当的职业决定是非常重要的。在促进大学生职业生涯发展的过程中，提升自我评估与决策能力、积极融入社会、发展职业技能，以及接受生涯指导是尤为关键的因素。实际上，只有当高校的职业生涯教育课程注重这些领域，并通过此类课程为学生提供广泛的素质拓展机会，才能更好地实现这些目标。一个成功的职业生涯发展教育方案应当包含三个核心要素：一是专注于实用技能的学习，确保学生能够掌握未来工作中实际应用所需的技能；二是将所学的知识尽可能地应用于日常生活和社会实践中；三是在校期间就开始培养学生适应未来社会及职业环境所需的能力，例如建立正确的职业道德观、掌握职业规划的方法、习得职场人际关系处理技巧等。

二、职业发展理论

职业发展理论与选择理论不同，将职业生涯发展视为个体与职业之间的一次性静态匹配，发展视角主张从个人成长的角度来理解这一过程。它强调通过动态的方式探索自我意识，帮助个人更清晰地认识自我，并明确在不同人生阶段所需要完成的任务和承担的角色。这种观点为个人的职业抉择和个人生命价值的充实提供了理论基础。

1. 金兹伯格的生涯发展理论

随着个人成长逐渐成为职业生涯规划的核心议题，金兹伯格等人提出，职业发展是一个在个人生命的前二十年逐渐达到顶峰的过程。他们强调，职业选择并非孤立的决定，而是在多年中经历一系列相互关联的决策。根据金兹伯格的观点，这一过程具有连续性和长期性，大致以十年为一个周期。此外，他认为这一发展过程是必然的，并指出有四个主要因素会影响职业选择：个人价值观、情感状态、教育水平与类型，以及环境施加的实际限制。这些因素共同作用于个人的态度，并进一步指导其职业方向的选择。金兹伯格还提到，个人的职业行为源于其孩童时期的体验，随着岁月的推移和个人的成长而持续演变。从童年时期开始，对未来的憧憬就已经在心中种下了种子，而随着年龄的增长、经验的积累及教育背景的不同，人们的职业倾向也会展示出多样化的特性。金兹伯格将职业生涯的发展划分为幻想、探索、现实三个阶段。然而，在后续的研究中，他调整了自己的理论框架，指出职业选择实际上是从童年到成年早期逐步形成的一个动态过程，并且这一过程不仅限于三个固定阶段，而是贯穿个人的整个职业生涯。在此期间，个体通过不断调整自身的期望并与外界环境相适应，最终找到最适合自己的职业定位。①

在幻想阶段（通常在 11 岁之前），孩子们对周围的世界充满了好奇，尤其是对各种各样的职业角色。他们会想象自己未来可能从事的工作，并在玩耍中模仿自己喜欢的职业角色。这个阶段的特点是基于兴趣和想象，而非实际的能力、条件或社会需求构想未来的职业。进入探索阶段（大约从 11 岁到 17 岁），青少年的身体和心理都在迅速发展，他们的独立思考能力和价值观逐渐成形。随着知识和技能的增加，他们开始了解社会运作的基本原理。在这个阶段，孩子们会更加客观地评估自己的兴趣、能力、个人价值观，并且注意到不同职业角色在社会中的地位、意义及其对社会的需求。到了现实阶段（17

---

① Galotti K M, Kozeberg S F. Adolescents' experience of a life-framing decision [J]. Journal of Youth and Adolescence, 1996, 25(1): 3-16.

岁以后），个人即将踏入社会，他们能够更实际地将个人的职业愿望与自身的条件、能力及社会的需求相结合，从而找到适合自己的职业定位。现实阶段还可以细分为三个小阶段：试探阶段，在此期间个人会尝试不同的职业；具体化阶段，此时个人开始明确自己的职业目标；专业化阶段，在这一阶段个人致力于在其选定的职业领域内深化专业技能和发展。①

2. 舒伯的生命全程和生命彩虹理论

美国学者舒伯在其生涯发展理论中，强调了职业生涯的不同发展阶段。舒伯认为，个人的职业选择并非一蹴而就的决定，而是随着个体的成长，以及受到社会环境的影响而不断演进的过程。这一理论将个人的职业生涯分为五个主要阶段：成长阶段、探索阶段、确立阶段、维持阶段、衰退阶段，如表 3-2 所示。

表 3-2　舒伯生涯发展阶段理论

阶段	年龄	主要发展任务
成长阶段	0~14 岁	通过与关键人物建立的共识逐步形成个人的自我认知。在这个阶段，想象力成为构建个人特质的核心元素。随着个体经历岁月并更加深入地融入社会环境中，面对的实际挑战增多，提升社交技巧变得愈发关键。这一阶段可以细分为三个不同的层次： （1）幻想期（4~10 岁）：以需求为主，尝试各种经验 （2）兴趣期（11~12 岁）：以喜好为主，形成自我概念 （3）能力期（13~14 岁）：考虑自己的能力选择职业，了解工作的意义和目的

---

① Ginzberg Z. Occupational choice: An apporach to general theory [M]. New York: Columbia University Press, 1951.

续表

阶段	年龄	主要发展任务
探索阶段	15~24岁	在学校、休闲活动中、各种工作经验中，进行自我检讨、角色试探及职业探索。此阶段包含三个时期： (1) 试探期（15~17岁）：考虑需要、兴趣、能力及机会，做暂时的决定，并在幻想、讨论、学业及工作中加以尝试 任务：职业偏好逐渐具体化 (2) 过渡期（18~21岁）：进入就业市场或进行专业训练，更重视现实，并企图实现自我观念；由一般性的选择转为特定的选择 任务：职业偏好特殊化 (3) 试验并稍作承诺期（22~24岁）：职业初定并试验其成为长期职业生活的可能性，若不适切，则可能再经历上述各时期以确定方向 任务：实现职业的偏好
确立阶段	25~44岁	寻找适当的职业领域，逐步建立稳固的地位；职位、工作可能变迁，但职业不会改变。此时期包含两个阶段： (1) 试验、承诺稳定期（25~30岁）：寻求安定，可能因生活或工作中的挑战而无法感到满意 (2) 建立期（31~44岁）：致力于工作上的稳固，大部分的人处于最具创意时期，表现优良，强化和改善职业地位 综合整个确立阶段的任务是统整、稳固
维持阶段	45~64岁	逐渐取得相当地位，重点在于维持地位，较少有新意，面对新进人员的挑战 (1) 经由在职进修或继续训练以保持技能 (2) 发展退休的财源及计划

续表

阶段	年龄	主要发展任务
衰退阶段	65 岁及以上	身心状况衰退、原工作停止、发展新的角色，寻求不同方式以满足需要 （1）视工作配合生理能力 （2）处理资产以维持独立 综合整个衰退阶段任务是减速、解脱及退休

之后，舒伯对其提出的生涯发展理论进行了扩展和完善，在一定程度上受到了马斯洛需求层次理论的影响。舒伯提出，个人不仅应当关注职业角色的需求，还应重视在生涯各阶段中，包括职前与职后时期内的其他角色需求。通过对人生各阶段所承担的不同角色的分析，舒伯勾勒出了一个展示个人多维度角色发展的模型，并把这个模型称为"生涯彩虹图"（Life-career rainbow），如图 3-1 所示。

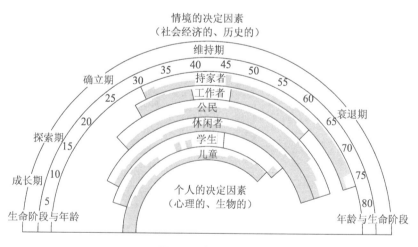

图 3-1　生涯彩虹图

舒伯指出，个人的整体发展是由时间、领域、投入程度这三个维度共同决定的。

（1）时间

在时间维度上，职业生涯可以根据个人的年龄段及生活经历，划分为成长、探索、确立、维持、衰退五个阶段。

（2）领域

职业生涯的领域或范围层面，用英文可表示为"breadth"或"scope"，它涵盖了个人一生中承担的多种不同角色，包括儿童、学生、休闲者、公民、工作者或者持家者等。

（3）投入程度

职业生涯的投入程度，指的是个人在其所承担的每个角色中投入的程度。这一概念有时也被称为"彩虹理论"，用以描绘个人在其职业及生活中各阶段的投入与参与程度。

在生涯彩虹图中，水平轴象征着个人从出生到衰老的时间跨度，彩虹图的层次则展示了生涯中的各个发展阶段，这些阶段的持续时间各异，依个人情况而定。垂直方向体现了人们在一生中承担的多重身份，这些身份可能相继出现或同时存在，其组合形成了每个人特有的生涯模式。此外，各身份间存在互动关系，这意味着个人在某一角色上的表现会影响其他角色。生涯彩虹图中颜色的深浅程度表示各角色对于个人的重要性。随着时间的推移和社会背景的变化，个人投入各角色中的精力也会随之变化，从而影响着不同生命阶段中各身份的显著性。

总体而言，舒伯的职业发展理论具有高度的灵活性和包容性。这一理论不仅涵盖了按年龄划分的发展阶段，还进一步被细化为各个子阶段，巧妙地结合了一般性与个性化的发展特征，为理解不同个体的职业生涯提供了有力框架。此外，该理论强调心理因素的重要性，以自我概念为中心，凸显了职业价值观、能力和兴趣等内在驱动力的关键作用，揭示了职业心理的核心要素。在职业抉择过程中，舒伯的理论综合考量了心理、生理、社会经济、文化等多维度的影响，构建了一个全面的决策分析模型。鉴于现代社会变迁加速，该理论针对中年和老年阶段提出了诸如"中年危机"和"更新期"等概念，这些概念为相关领域的进一步探索提供了重要的理论依据。①

3. 生涯发展理论与大学生职业生涯发展

生涯发展理论将个体的职业发展视为一个持续且逐步推进的过程，在这一过程中，不同年龄段的人会承担不同的角色与任务，并注重职业成熟度及自我概念的构建与实现。职业成熟度体现在个人有能力完成相应发展阶段的各项任务，自我概念则是在对工作的观察、职业中的认可与身份认同及个人实践探索的基础上逐渐形成的。② 大学生所在的年龄段通常以探索和尝试为特点，在此期间，他们会开始思考未来的职业发展方向，并将这些目标作为自己努力的方向。在这一阶段，兴趣、能力和价值观成为影响决策的关键因素。年轻人开始理解职场的需求，意识到兴趣、技能、工作回报，以及价值观和个人时间观念的重要性。通过整合自己的能力和兴趣，他们进一步塑造自己的价值观，使职业选择更加具体，并逐步形成独特的工作方法。③ 因此，客观因素在职业选择过程中发挥着重要作用。从发展心理学视角来看，大学生正经历着生命中的一个重要转折点。在完成了基础教育并掌握了初步的知识与技能后，

---

① 杨河清. 职业生涯规划 [M]. 北京：中国劳动社会保障出版社，2005.

② 吴志功，乔志宏. 美国大学生生涯发展与就业指导理论评述 [J]. 比较教育研究，2004，25（6）：52-55.

③ 彼得森，冈萨雷斯. 职业咨询心理学：工作在人们生活中的作用 [M]. 时勘，等译. 北京：中国轻工业出版社，2007.

他们即将面对首次择业，肩负起社会责任。大学阶段标志着个人职业生涯探索的开端，介于学业终结与职业生活启航之间。在此阶段，大学生需对自身的天赋与能力做出实事求是的评估，并据此制定教育策略以支持未来的职业方向，从而实现初次就业。有效的职业规划不仅能缩短职业适应期，减少试错次数，还对长远的职业成就及对社会的贡献具有积极意义。

三、社会学习与决策理论

自 20 世纪 80 年代起，随着班杜拉（Albert Bandura）的社会认知理论的影响，社会学习与决策理论逐渐形成和发展。这些理论着重于自我效能感、结果期望和个人目标这三个个体变量在职业发展中的交互作用。[①] 社会学习决策理论探讨了个人在职业选择过程中兴趣倾向、不确定性和偏好演变的动态机制，强调了心理与社会交互作用的影响。该理论聚焦于个体带入职场的心理特征，包括遗传特性和社会习得属性，这些特征与外部环境相互交织，塑造了个人的职业自我认知。这种自我认知进一步指导着与职业相关的行为模式。同时，这些行为会受到自然界及社会中奖励和惩戒机制的影响而发生变化。在此框架下，自我效能的概念为理解上述过程提供了重要的理论基石。[②]

1. 社会认知职业生涯理论

社会认知职业生涯理论（Social Cognitive Career Theory，以下简称 SCCT）源于 20 世纪 80 年代的美国，其构建受到了

---

① 高山川，孙时进. 社会认知职业理论：研究进展及应用 [J]. 心理科学，2005，28（5）：1263-1265.

② 高申春. 人性辉煌之路：班杜拉的社会学习理论 [M]. 武汉：湖北教育出版社，2000.

班杜拉社会学习理论的启发。该理论强调，个人职业发展的关键驱动因素包括自我效能感、结果预期及目标确立。其中，自我效能感是指个体对其执行特定行为能力的信心水平。这种信心不是静态的，而是动态变化的，会随着个人经历的变化及与周围环境互动的方式而调整。SCCT 将自我效能感置于中心地位，强调认知能力的重要性，并突出个体对自己能力的认知或信念对其行为的激励作用。因此，SCCT 认为提高自我效能感能够促进个人的职业成长，且较强的自我效能感对职业决策和职业路径有着直接的影响，体现了人本主义与认知理论的融合。此外，结果预期是指个体对执行某项行动后可能产生的后果进行预估，这一预估同样是基于过往经验的累积。而目标设立，在个体面向现在和未来行为方向性与持续性中扮演了重要角色。通过设立目标，个体能够规划并维持其行为模式。SCCT 视职业选择和发展为一个涵盖心理、社会和经济层面的复杂体系，并且将这些因素对自我效能形成及职业选择的影响纳入理论框架之中。同时，该理论还强调职业兴趣、能力和价值观对职业选择的重要性，并着重分析这些要素是如何相互作用，以及如何共同塑造一个人的职业轨迹的。

根据图 3-2 所展示的模型，可以观察到，个体因素（例如性别、性格、能力）会对个人的自我效能感、期待结果（即实现职业成就的可能性）及职业目标设定产生影响，进而决定职业选择行为。当设定职业目标时，诸如就业机会和培训机会等经济因素也会进一步作用于具体的职业选择上，使得这些选择反映出其背后的经济和社会背景。最终，个人可能会从事他们心仪的职业，并在此过程中验证最初职业选择的合理性与科学性。如果职业选择符合个人预期，那么他们可能会增强职业自我效能感，提高对未来职业回报的期望值，并设立更加远大的职业目标。相反，若发现职业选择不尽如人意，则可能会降低自我效能感和对未来职业成果的期待，降低职业目标，甚至考虑转换现有职业，重新探索新的职业方向，设定新的目标，从而进入不同的职业领域。

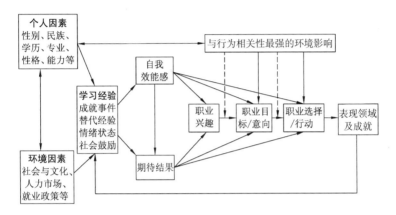

图 3-2　社会认知职业生涯理论模型

2. 认知信息加工理论

1991 年，盖瑞·彼得森（Gary Peterson）、詹姆斯·桑普森（James Sampsom）与罗伯特·里尔登（Robert Reardon）三人合著了《生涯发展和服务：一种认知的方法》（*Career Development and Service：A Cognitive Approach*）一书。这本书提出了一种思考生涯的新方法——认知信息加工理论（Cognitive Information Processing，以下简称 CIP）。CIP 关注的是个体进行思维活动和大脑处理信息的方式。根据心理学的观点，个体在其长期记忆中存储了多种类型的知识架构与元素，它们在职业决策过程中扮演着至关重要的角色。具体来说，它们帮助个人理解和整合与职业相关的信息和概念；记录个人经历及历史事件；提供一系列准则与指导思想，以辅助解决问题的过程。

CIP 建立于大脑处理生涯规划中遇到的信息并将其转化为有意义的决策这一理念之上。该理论专注于个体在面对职业相关挑战时的认知与记忆机制，并强调解决问题的过程本质上是认知性的。该理论的核心包含八个假设：职业决定植根于个人的认知与情感体验；职业抉择被视为一种解决问题的行为；解决问题的能力取决于个人的知识结构与思维模式；有效的记忆系统对于职业决策至关重要；内在动机对决策有积极影响；职业发展是一个贯穿终身的学习进程；个人的思维内容与方式对职业路径有着重大影响；个人对决策过程的理解程度直接影响其职业生涯的质量。① 作为一套新的职业发展理论，认知信息加工理论强调个人在其职业道路上对信息的处理与应用，突出了信息对职业选择与决策的关键作用。对于高校学生而言，有效地规划、探索，以及做出合适的职业选择与决策，对于他们自身职业道路的发展和完善具有重要的意义。

自 1991 年起，CIP 持续进化与优化，彼得森等研究人员确定了职业发展议题的核心特性。首先，这类议题往往错综复杂且牵涉情感层面，表现为模糊的指示与信号。其复杂度源于相互冲突的目标与动力、外部施压及对未来不确定性的焦虑。其次，在处理职业发展议题时，并不只有一个解决方案，往往存在多个潜在的解决方案。每个决定都与其他选项交织在一起，因此最优策略往往是综合多个选项。最后，选择的结果具有不确定性。没有哪一种方法能够确保完美解决职业规划中的挑战，因为每当解决一个主要问题时，往往会产生其他未预见的新问题。彼得森等人在此基础上开发了信息加工的金字塔模型，如图 3-3 所示。

---

① 王本贤. 试析认知信息加工理论 [J]. 教育探索，2009 (5)：7-8.

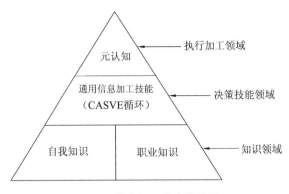

图 3-3　信息加工金字塔模型

信息加工金字塔模型由三个层级组成，其中底层的两个组成部分被称为知识维度，涵盖自我知识与职业知识。自我知识是指个体对自己的价值观、兴趣及技能等方面的认识程度；职业知识则关注于个人对某一特定职业的要求及其外部环境的理解。金字塔的中间层级是决策制定区，这是建立在个体对自己及职业世界有清晰认识基础上的，个体对获取的信息进行处理，最终形成职业生涯决策。这一过程包含五个核心阶段：第一个是沟通阶段（Communication），在此阶段，个体认识到选择的重要性，并察觉到理想与现实之间的差距导致的问题；第二个是分析阶段（Analysis），此阶段个体需要花费时间反思、观察及研究个人特征与职业要求的关系；第三个是综合阶段（Synthesis），在此阶段，前期分析的结果被整合并加工，从而制定出解决差距或问题的行动计划；第四个是评估阶段（Value），在这个环节，综合阶段得出的行动计划将被评估优先级及其优劣；第五个是执行阶段（Execution），即将选定的解决方案转化为实际操作，如图 3-4 所示。CASVE 循环是一个连续且可重复的过程，在执行阶段之后，个体又会返回到沟通阶段，以确认所做的选择是否合适。金字塔的最高层级是执行监控区，也就是元认知。元认知是指个体对于自己认知过程的理解与调控能力，具体来说，它涉及对自己思维和学习活动的认识及掌控。元认知的核心在于对认知活动的自我意识与自我调控。认知信息加工理论因其在增强学生的个人知识体系、引导他们做出合理的生涯决策，以及帮助他们客观地规划职业路径方面的显著效果和实用性，而逐渐受到世界各国高等教育机构的关注。该理论现已成为众多高校职业生涯教育中的重要指导框架之一。

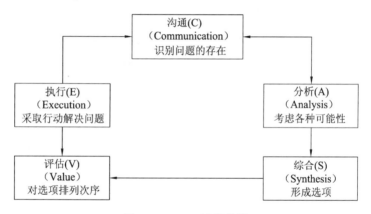

图 3-4　CASVE 决策模型

3. 社会学习决策理论与大学生职业生涯发展

社会学习决策理论表明，通过调整外部条件，并结合个人特色与长处，可以促进个体健康地发展职业。这一理论强调，在职业发展的路径上，自我效能感对于激发个人潜力至关重要。尽管外部环境会对个人的幸福感和职业成就产生影响，但个体自身的超越更为关键。自我效能感及其对结果的预期会受到多方面因素的影响，此时，外界条件便显得尤为重要。鉴于环境是可塑的，高校可以通过具体情况，实施策略，提升大学生的自我效能感。例如，学校可以通过设立职业规划课程，帮助学生掌握职业规划技能，使他们了解自身的性格特征及实际与潜在的资源，增强其自我价值认知并促使这种价值持续增长。同时，这也鼓励学生审视自身的强项与弱点，积极培育特定的职业素质，设定明确的职业目标与理想，并据此规划学习和实践经验，为追求理想的职业生涯进行充分的准备。此外，学生还应学会客观评估个人目标与现状之间的差距，利用科学手段进行自我调整，通过比较预设的行为目标与实际效果矫正个人的行为。

第四章　我国高校职业生涯规划教育的基本情况

第一节　我国职业生涯规划教育的现状

一、职业生涯规划教育的开端

中国的高校职业生涯规划教育在发展过程中受到了多方面因素的影响，包括国内的就业体系及经济社会文化背景等，这些因素在一定程度上对其形成了制约。此外，这一领域的发展也受到了美国等国家的职业生涯规划理念的影响。其发展历程可以概括为早期萌芽、较长时期的停滞、在复苏之后较快的发展三个阶段。

1. 早期的开端

职业生涯规划教育的起源可以追溯到 20 世纪初的职业指导活动。受欧美等西方国家职业规划理念的影响，我国在 20 世纪初期也开始探索这一领域。1916 年，清华大学的校长周诒春率先将心理测评方法引入学生的职业选择指导中，并开设了与"生涯规划"有关的辅导课程。1920 年，中华职业教育社设立了职业指导部门，通过介绍西方职业指导教育的理论与实践经验，并结合本国实际情况，进行了多方面的探索，致力于实现"无业者有业，有业者乐业"的目标。这些早期的实践表明，职业生涯规划教育以就业指导的形式在我国崭露头角。

2. 中断后的再次兴起

在 20 世纪 30 年代至 40 年代，由于持续的战争和社会不稳定，我国的就业指导研究与实践被迫中断，职业生涯规划教育未能沿着正常的路径发展。中华人民共和国成立后，受新的社会体制和经济发展模式影响，高校学生就业被纳入"国家统一安排"框架，职业生涯规划教育出现空白期，大学生既缺乏选择职业的自由，也没有形成职业规划的意识。直到 20 世纪 80 年代，随着中国经济结构的重大调整，职业辅导活动才得以重新启动。这一时期，大量职业指导相关出版物涌现，其中 1980 年创办的《技工教育》和 1981 年创办的《中原职业技术教育》成为该领域复苏的重要标志。进入 90 年代，随着我国经济的发展，政府出台了一系列人事和劳动政策，大学毕业生就业制度的改革促进了求职者与用人单位之间的双向选择机制。经济的快速发展和社会的进步，加上劳动者和青年求职者的个性化需求，为职业生涯规划教育带来了前所未有的发展机遇。

3. 新世纪的全面兴起

20 世纪末，我国的高等教育经历了从精英化向大众化的转变。面对日益增大的就业压力，高校更加重视对学生的职业生涯教育，积极引入并推广国际先进理论与实践，逐步建立专门的教育指导机构。2000 年，由北京市学生联合会发起，在北京大学、清华大学、中国人民大学等八所首都高校开展的"2000 年大学生职业生涯规划"活动，得到广大学生积极响应，这一事件标志着符合现代意义的大学生职业生涯规划教育正式启动。

二、中国高校大学生职业生涯规划教育的具体方式

1. 设立大学生职业生涯规划教育相关课程

当前，我国部分高校已经将职业生涯规划纳入必修课程体系，并依据学生在校期间的不同阶段特点安排相应的课程内容，让不同年级学生学习与其发展阶段相匹配的职业知识和技能，开展职业规划启蒙教育。同时，一些高校虽将此类教育设置为选修课程，但正在考虑将其转变为必修课程。此外，还有部分院校在特定专业开展选修课试点教学。就大学生职业生涯规划教育而言，多数高校的课程设置及对象选择仍聚焦于"阶段性教育"，主要关注的是大一新生和即将毕业的学生。具体表现为帮助一年级学生更快地适应大学生活，为即将步入职场的毕业生提供基础的就业指导，全面系统的生涯规划教育尚未完全普及。目前，仍有少数高校尚未正式开设专门的职业生涯规划教育课程，但这些学校表示已经在其他相关课程中融入了这部分的知识和技能。

2. 开展大学生职业生涯规划教育的相关实践活动

如今，许多高校已经将职业生涯规划纳入其长期教育实践中，例如定期举办大学生职业生涯规划竞赛，将其作为常规活动鼓励学生参与，并推选表现优异的学生或团队参加省级比赛。此外，学校还与企业及各类社会组织建立合作关系，联合举办职业规划讲座。同时，学校在网站设置专门栏目发布相关资讯，创建创新创业园区支持学生创业实践，还提供职业规划咨询服务，帮助学生初步制定自己的职业发展路径。值得注意的是，研究资料显示，侧重实用技能培养的专科学校往往为学生提供更多的实习机会，相比之下，其职业规划理论教学可能相对较少。

3. 开始培养从事职业生涯规划教育的师资力量

仅有少数大学配备了由专业教师或具备相关资质的辅导员组成的团队，专门为学生提供职业规划指导服务。大多数高校在这方面的人力资源较为匮乏，难以构建起全面的职业规划教育体系，也因此限制了其在组织有助于学生职业规划的多样化实践活动的能力。

在我国高等院校中，负责为大学生提供职业规划教育的专业导师，数量上往往难以与庞大的学生群体相匹配。这些专业导师需要掌握心理学、社会学、人力资源管理等多学科知识。然而，目前我国各高校中，具备这类综合背景的专业导师数量明显不足。当前，许多职业规划指导工作由负责学生日常管理的辅导员或书记承担，尽管他们积累了丰富的一线学生工作经验，但在职业规划的专业性方面存在欠缺，并且大多没有接受过系统的专业培训。他们的主要工作是宣传就业政策，这显然不足以帮助学生准确地自我定位，也无法有效指导学生基于个人特点和兴趣爱好进行职业认知与规划。大学生普遍缺乏对职业规划的重视，在毕业求职时表现得迷茫被动，常常盲目投递简历。这种情况反映出我国职业规划教育体系尚处于初级阶段，服务体系不够健全。早在 1999 年，美国就有约 16 万名职业规划专家，而截至目前，中国获得职业指导师资格认证的人数仅 1 万余名，其中高级职业指导师数量更是寥寥无几，仅有300 多人。在美国，平均每 3000 人就有 1 名职业规划师，相比之下，我国职业指导师数量明显不足，难以满足市场需求。鉴于此，2007 年教育部印发《大学生职业发展与就业指导课程教学要求》，强调了加强领导、将课程纳入教学计划、强化师资建设、改革教学内容与方式，以及确保资金支持的重要性。尤其是师资队伍建设，已十分紧迫。因此，提升高校职业规划教育师资队伍的专业化水平与整体素质，对改善大学生职业规划教育现状至关重要。

第二节　大学生职业生涯规划教育存在的问题

一、课程设置不规范

大学生的职业生涯规划教育应当是一个持续且长期的过程。近年来，全球经济波动加剧，国内企业招聘岗位减少，甚至出现裁员现象，大学毕业生面临严峻的就业形势，校招遇冷，企业对人才质量的要求也更为严苛。这导致企业难以寻觅到合适人才，而学生也深陷就业困境。为帮助学生树立正确的就业观念，引导他们准确认知就业环境，基于大学不同阶段的特点开展职业生涯规划，已成为重要议题并备受关注。

当前，中国大多数高校已开设大学生职业生涯规划指导课程。然而与西方国家高校将职业生涯规划教育贯穿整个本科阶段不同，中国的职业生涯教育起步较晚，仍处于初级发展阶段。部分国内高校错误地将职业生涯规划等同于临近毕业时的短期集训，缺乏整体规划，过于注重当下需求而忽视长远发展，强调结果却轻视过程。这使得许多职业生涯规划课程推迟至大学四年级才开设，这种安排仅能起到短期作用，无法弥补学生在职业规划知识和技能方面的欠缺，最终导致学生错过最佳规划时机。这种"临时抱佛脚"的教育方式，只能让学生对职业生涯规划形成表面认知，难以深入理解和践行其内涵价值，既无法帮助学生在求学阶段树立正确的人生观和职业观，也不利于他们有效规划职业道路，甚至可能对未来生活产生负面影响。仅面向毕业生开设的单一职业生涯规划课程，内容单一，课程结构也不合理。学校未将职业生涯规划作为系统工程来组织实施，课程往往侧重分析就业市场状况，学生只能获取有限的职业选择和规划知识，就业能力得不到充分培养，进而影响职业竞争力。由于时间设置不合理、课程内容实用性不足，职业生涯规划课程的实际效果大打折扣，难以发挥积极作用。此外，仍有部分高校尚未开展职业生涯规划指导工作，相关课程未纳入正式教学体系，教育理念也未融入校园文化。理想的职业生涯规划教育应是全面且持续的过程，覆盖大学教育各个阶段，并作为长期项目推进。不完善的职业生涯规划教育体系会影响学生对职业规划的正确理解，使他们误以为制定规划就等同于确定未来职业方向，而忽略规划还应包含对职业的具体要求。而且，职业生涯规划越早开始对学生越有利。若认为大学一、二年级开展规划为时尚早，或因担忧未知因素而推迟，学生可能在职业发展的起跑线上落后。尽管 2007 年教育部印发了《大学生职业发展与就业指导课程教学要求》，但在实际教学中，这些课程的效果未达预期。为找到满意工作，学生盲目考取各类职业资格证，却未结合自身特长、兴趣及职业发展趋势有针对性地学习，浪费了宝贵时间。部分学生仅为迎合心仪公司而学习几门专业课程，形成了片面的就业观念。鉴于大学各阶段学习任务和目标不同，职业生涯规划教育也应各有侧重。

二、教学方式单一，缺乏针对性

当前，许多高校在开展大学生职业生涯规划指导时，普遍缺乏系统化、科学化的教育框架。多数情况下，职业生涯规划课程以大规模集体讲座的形式开展，采用讲师单方面知识传授的方式，往往忽视了学生的主动参与和个性化需求。宋慧敏的调查显示，37.9%的学生认为职业规划课程内容适用于所有大学专业，32.2%的学生认为适用于主要专业，仅有 14.6%的学生觉得课程内容针对本校专业，其余学生则认为适用于本校部分专业。这种"一刀切"的教学模式，在实现个性化职业指导方面存在明显不足。因此，高校开展职业生涯规划教育时，应优先了解并满足学生实际需求，避免盲目增设课程，依据学生具体特点提供定制化指导服务。现阶段，我国高校还需在一对一职业规划指导的有效实施方面加强探索实践，构建适应不同阶段和个体差异的职业规划教育模式。

受教师资源短缺和大学生人数持续增长的影响，高等教育机构在职业规划指导中难以实现个性化教学。此外，对于经济困难或存在心理健康问题等特定学生群体，学校往往无法及时给予有效支持与咨询。我国大学职业规划教育尚未形成完整有效的体系，现有就业指导方式单一，无法满足学生的个性化需求。由于每位大学生的成长环境、经历、认知水平、情感特质和个人风格各不相同，"一刀切"的职业规划服务显然无法满足其需求。目前，我国高校在针对学生个人特点的专业指导方面存在不足，提供的内容多聚焦于大多数学生关注的就业话题和普遍问题，缺乏针对性。就业指导部门在繁重工作评估压力下，面对大量学生只能采取统一的标准化措施，以同一模式开展指导。因此，在职业规划教育过程中，我国高校应以学生需求为导向，避免盲目增设课程，通过调研精准把握学生真实需求，在此基础上制定更完善的职业规划教育方案。

三、社会实践活动不足

"大学生职业生涯规划"是一门高度注重实际操作的课程。然而，部分高校未能为该课程提供充足的师资、教学空间、时间及配套服务平台。现有的教师团队难以满足学生的个性化实践需求，致使职业生涯规划教育缺乏针对性和持续性的指导机制。这种状况不仅削弱了职业生涯规划课程的实际成效与意义，还对学生从校园生活向社会生活的顺利过渡产生了负面影响。

四、教师队伍人才匮乏

我国高等院校在大学生职业生涯规划教育方面存在一定短板，其中专门从事该领域教育的师资力量不足是亟待重视的问题。根据教育部相关标准，专职就业指导教师与学生的配比应为 1∶500，然而在实际中，许多高校并未达到这一标准，尤其是专职职业生涯规划教师的配备存在明显缺口。当前的就业指导教师大多拥有丰富的学生管理工作经验，虽然他们对学生情况较为熟悉，且具备一定实操能力，但在专业知识和技能理论方面相对薄弱，进而影响了教学质量。因此，建设一支数量充足、专业化程度高的教师队伍，对于提升大学生职业生涯规划教育效果至关重要，这不仅有助于推动职业生涯规划教育发展，增强学生就业竞争力，还能提升高校整体教学质量。

第三节　对大学生职业生涯规划教育存在问题的分析

一、各高校不能正确定位大学生职业生涯规划教育

1. 高校重视程度和学生认识程度不够

一方面，当前高等教育机构对大学生职业生涯规划教育的关注度仍有待提高。从已知的问题来看，我国高校在大学生职业生涯规划教育领域的实践仍处于初步探索阶段，构建系统化的职业生涯规划教育体系进展缓慢。部分院校为了在短期内提升毕业生的就业率，仅面向即将毕业的学生提供短暂的就业辅导课程，这些课程往往课时有限，内容主要集中在求职技巧与简历撰写等方面，而非全面的职业生涯规划教育。有些学校即便认识到职业生涯规划的重要性，但由于资源有限，难以建立

科学有效的教育框架。

另一方面，大学生自身对于职业生涯规划的理解也较为浅显。据新浪教育网、北森测评网及《中国大学生就业》杂志共同发起的一项调查显示，仅有 12% 的学生能清晰地认识自己的性格特点、兴趣爱好与能力；18% 的学生能够了解自己在职业发展中的优势与劣势；而只有 16% 的学生对自己的职业偏好有明确认知。这表明大多数学生对自己未来的职业路径缺乏清晰的认知。自 2009 年起，"90 后"开始成为大学校园的主要群体，这批学生个性张扬、思想独立，拥有与前辈截然不同的世界观和价值观。由于成长背景和社会环境的不同，加上家庭、经济状况等多重因素的影响，他们在进行职业选择时面临更多的不确定性。调查结果显示，大学生在理解职业生涯规划的概念上仍显不足，对自己及所处环境的评估也不够客观。

2. 将职业生涯规划教育工作等同于就业指导工作

中国高校引入职业生涯规划概念并实施相关教育的时间并不长，至今尚未建立起一套系统化且适应本土需求的职业生涯规划理论框架。加之对职业生涯规划理解的片面性和不准确性，许多高校将职业生涯规划简单等同于就业指导服务。

职业生涯规划教育的核心在于"帮助个体实现成功就业、保持就业稳定性、规划个人职业路径，并为企业提供合理选才的咨询服务"。相比之下，就业指导的目标是为求职者提供高效的就业咨询和支持服务，这只是职业规划的一个组成部分。然而，在实践中，许多高校却将职业生涯规划教育简化为就业指导。受此观念影响，高校的职业规划教育活动往往局限于处理就业手续、发布就业信息及政策解读等基础性任务，未能提供系统的职业生涯规划指导。因此，学生们常常缺乏对职业领域深入研究的机会和个人认知的引导，进而误以为职业生涯规划仅仅是寻找工作的过程。尽管一些高校已经设置了职业生涯规划的相关课程，但这些课程内容单一，过分强调就业政策和市场形势的介绍，带有明显的就业导向色彩。此外，部分高校的职业指导服务主要面向即将毕业的学生，忽视了对低年级学生早期职业规划意识的培养。这种做法导致大部分学生接受的职业指导既不系统，也不全面，对他们的求职过程和长远职业发展帮助有限。

二、未开展必要的人才素质测评

除了传统的教育课程和知识讲座之外，高校在进行大学生职业生涯规划教育时，还可以将职业素质测评作为一项有效的辅助工具。首先，职业素质测评能够帮助学生更客观地了解自己的人生观、价值观、个人能力、个人兴趣，超越单纯的主观意愿，基于测评结果来识别个人的优势与待改进之处，从而制定出更加科学合理的自我发展计划和职业道路规划，助力学生在职业生涯的起点即占据有利位置。其次，测评结果可以让学生清晰地认识到自身的素质水平和能力状况，发现自己潜在的优势与短板，并据此接受有针对性的教育培训，在各种实践活动中发挥长处、弥补不足，以达到全面提升自我的目的。由此可见，职业素质测评作为职业生涯规划教育的重要组成部分，其提供的科学反馈为具体的教育活动提供了宝贵的数据支持。

三、师资队伍培养进程缓慢

当前，高等院校中的职业生涯规划教育存在师资数量不足与专业能力薄弱的问题。大学阶段是学生即将步入职场的关键时期，学校在此期间不仅需要为学生提供全面的知识与技能储备，还需要引导他们进行职业规划、提升职业素养，并协助其做出合适的职业选择，以此促进个体成长、校园发展及社会和谐。因此，提高职业生涯规划教师的教学质量对于帮助大学生科学规划未来发展、实现职业目标具有至关重要的作用。

影响职业生涯规划教育师资培训的因素有几个方面：首先，职业教育师资队伍的整体结构不平衡，制约了我国职业生涯规划教育质量的提升，使其难以跟上社会快速发展的步伐。其次，高校对于职业生涯规划教育不够重视，导致在这方面的经费投入不足，并且过度专注于职前培训，而相对忽视了在职教师的持续进修与学习。最后，我国在培养职业教育师资的课程设计中，偏重于基础理论知识的教学，对于职业指导教师实际操作与指导能力的培训则有所欠缺。

第五章　我国高校职业生涯规划现状的调查与结果分析

——以 J 市两所地方高校为例

　　J 市地处江苏省的中心区域，拥有五所高校，其中包括两所地方性本科院校。这两所高校有着悠久的办学历史，并在各自的领域内享有较高的声誉。

　　近年来，依据国家和江苏省教育部门的要求，这两所本科院校一直将职业规划指导作为重点的学生工作。它们不断探索特色辅导模式，调整改革策略，优化实施路径，已经初步构建起较为完备的职业指导体系。然而，随着国内外形势的持续演变，学生的就业倾向和长期职业规划也在不断变化。因此，职业规划指导需要紧跟时代发展，持续改进并探寻新的发展方向。

　　为了切实了解我国高校职业规划指导的实际情况，本章选取了 J 市的两所本科院校作为调查对象，采用访谈法和问卷调查法收集数据。本章从供给端和需求端两个维度展开研究，旨在找出职业规划指导中有待完善之处，明确当前高校学生对职业规划指导的实际需求，为 J 市高校更精准地提升和改进职业规划指导水平提供参考依据。

第一节　调查方案设计

一、访谈设计

1. 访谈对象

访谈对象分别来自 J 市的两所本科院校（以下分别简称 A 高校和 B 高校）。访谈参与者包括在学生职业规划领域提供指导的学工处职员、学院辅导员、负责学生工作的学院副书记、学术指导老师、部分授课教师，共计 10 位。本研究从高校职业规划服务供给方的角度，探讨目前学生职业规划指导工作的实施状况。

2. 访谈提纲设计

根据现有的文献资料及本研究的关注点，为了探究 J 市高校学生职业规划指导的现状及其未来改进的方向，研究者制定了一份包含七个问题的访谈大纲。该大纲涵盖了职业规划指导活动的具体实施细节及相关情况，目的是从服务提供者的视角清晰地呈现高校内职业规划指导活动的实际运作状态，并试图从整体层面为后续的改进措施提供参考路径。

二、问卷调查设计

1. 问卷设计

本研究采用问卷调查的方式，向两所高校的大学三年级和四年级学生发放问卷，并收集数据。问卷的设计参考了闫修编制的《大学生就业影响因素调查问卷》等相关工具。

该问卷共分为三个部分：第一部分收集受访者的个人信息，包括学生性别、所学专业及所在年级（问卷的第 1 至第 3 题）。第二部分关注的是受访者对于未来职业规划的看法（问卷的第 4 至第 7 题）。第三部分则通过里克特五级量表来评估受访者对于 J 市大学现行职业规划指导活动的重要性评价和满意度。这部分包含了 25 个具体的评价指标，并采用了五级评分体系。评分从 1 到 5 递增，其中 1 表示最低水平，5 表示最高水平。具体来说，在重要性方面 1 分代表"非常不重要"，5 分则意味着"非常重要"；在满意度方面，1 分对应"非常不满意"，5 分则表示"非常满意"。

2. 问卷的发放与回收

辅导员和学术指导老师在班级会议期间分发问卷，并要求学生现场完成填写与回收。在两所学校中总计发放了 400 份问卷，在剔除无效问卷之后，最终收回的有效问卷数量为 332 份，问卷的有效回收率为 83%。

3. 数据分析思路

运用 SPSS 22.0 统计软件对收集到的数据进行了处理与分析。对于受访者的个人基本信息及就业观念部分，采用了描述性统计分析方法，以概述受访群体的基本特征。针对受访者对现有职业生涯规划指导内容的重要性和满意度分析，则采用了 IPA（Importance-Performance Analysis）分析法，这是一种由马蒂拉（Martilla）和詹姆斯（James）于 1977 年提出的方法。通过这种方法，我们从学生的视角出发，探讨了 J 市高校学生对高校当前职业生涯规划指导工作的感知水平，并进行了 t 检验以进一步验证数据的显著性。基于此分析结果，我们绘制了 IPA 图表，将问卷中涉及的 25 项指标的平均得分作为坐标点，置于以总体均值为基准点的四个象限中，以便根据这些点在不同象限中的位置来评估各项目的表现及其影响力。

第二节　调查结果分析

一、访谈结果分析

1. J市高校学生职业生涯规划指导工作的实施成果

（1）强化实施"一把手工程"

高校学生作为专业人才储备的重要组成部分，其就业情况不仅影响着教育体系的完善，还直接关系到国家战略布局及社会经济的高质量发展。鉴于此，J市各高校已经深刻理解到强化学生职业规划与生涯教育的重要性，并积极增强自身在这方面的职责感与主动性。受访教师一致表示，各自院校均坚持"以人为本"的原则，切实推进学生就业工作的"一把手工程"，保障就业服务的有效落实。在此过程中，高校对工作机制进行了更为精细的调整，高校各二级学院组建了由书记、院长及负责学生工作的副书记构成的就业指导团队，并通过周报告、专题会议、实地考察、深度沟通、绩效评估、个别谈话等方式，努力融合学生的就业促进教育与生涯教育，使之成为常态化、系统化、规范化的流程，从而更有效地引导和支持学生的就业活动。

（2）强化"三全育人"理念

习近平总书记多次强调，要把促进青年特别是高校毕业生就业工作摆在更加突出的位置。对于即将从学术象牙塔步入社会的高校学生而言，这一过渡期不仅是他们职业生涯的起点，也是塑造其未来人生轨迹的重要时刻。为了帮助这些学生更好地融入社会，高校应承担起架设通往职场桥梁的责任。此外，学生的职业规划教育不应仅依赖少数人的努力，而是需要整个高等教育系统的共同参与和支持，这样才能确保学生们获得全面的职业发展指导。

在访谈中，两所高校均表达了对"全员育人"理念的高度认同，并探索了多种具体实施方式。A高校的一位二级学院副书记讲道："我们建立了一支以学院副书记、辅导员、生涯发展导师为核心，以职业生涯规划课程教师为辅助，并联合企业职业发展导师共同参与的就业指导教师团队。我们希望整合这支队伍的力量，让所有成员都能参与到学生就业指导工作中，以此形成一个统一且高效的沟通机制。"这种做法能够整合各方资源，确保职业生涯规划指导工作的连贯性和有效性。与此同时，职业生涯规划并不只是专职人员的任务，它与高校内部各个层面的人员紧密相关。B高校的一位辅导员补充道："我校把保障学生就业视为首要任务，在党建引领下，成立了就业工作领导小组，吸纳了包括学工处、书院、校友会、团委等部门的人员。学校领导和学院领导带头，积极拓展就业市场。"B高校还建立了校级和院级的联动网络，各学院针对每位学生制定了个性化的就业策略，并对就业存在困难的学生提供一对一的帮助。同时，学校鼓励专业课教师在教学过程中融入职业指导，帮助学生提升职业认知，并促使全体教职员工积极参与就业指导活动。

高校学生的职业生涯规划并非短期内可完成的任务，不应仅限于学生的最后一学年，而应该贯穿从入学直至毕业乃至离校后的整个职业发展周期。理想的职业生涯规划模式是连接基础教育阶段的职业启蒙，并延伸至毕业后的工作生涯规划，从而构建一个连续性的指导体系。尽管如此，职业生涯规划教育的重心依然应该放在学生在校期间的四年学习阶段上，通过合理的规划与专业的指导，帮助学生在各个关键时期明确个人的职业路径，并稳步实现其职业目标。根据访谈结果，为了实现这一贯穿始终的职业生涯规划指导，两所高校均采取了多项举措。例如，A 高校的辅导员提到，学校致力于在整个学习过程中提供职业规划指导，认为就业并不是仅靠最后一年的努力就能达成的目标，而是与学生在校期间的整体培养息息相关，其影响甚至可以追溯到入学前的各种宣传活动。同时，B 高校的辅导员指出，为了确保职业规划指导的有效性，学校致力于建立一个全方位的育人体系，分为两个阶段进行：对低年级（大学一二年级）的学生侧重于职业意识与准备的教育；对于高年级（大学三四年级）的学生，则注重提高其就业能力和适应职场的角色转变能力。学校通过将职业观念、就业观念教育融入课堂教学及实践活动中，从准备阶段到实施阶段，全面支持学生的生涯规划。

　　针对高校学生的职业生涯规划，应当构建一个全面覆盖的服务体系，从多个维度提供支持，以满足每位学生的个性化需求。鉴于每位学生都是独一无二的个体，要实现总体的就业目标，首先需要满足每个学生的具体需求，并关注他们多样化的发展诉求。在这方面，两所高校采取了积极措施，在负责就业指导的学生事务部门中引入了多种在线工具和服务，如职业评估系统、在线就业指导直播、简历优化服务等，以此来促进各方资源的有效整合，共同创建一个综合性的就业服务环境。其中，一所高校设立了涵盖职业规划、就业政策咨询、升学及留学指导、求职技巧培训等模块的职业生涯规划工作室。值得一提的是，该工作室还为面临就业难题的学生提供了一对一咨询服务，以便根据学生的具体情况提供更加精细化的指导和支持。另一所高校则强调了产学研结合的重要性，通过与校友企业和行业合作伙伴建立联系，创建了协同育人的实践基地。这种方式不仅有助于学生在实践中增强自身的就业竞争力，还能帮助他们更好地适应未来的职业生活。学校利用这些合作关系，不断拓展实习机会，使理论学习与实际技能训练紧密结合。由此可见，这两所位于 J 市的本科院校都致力于通过全员、全过程、全方位的方式推动学生的职业生涯规划工作，持续关注就业市场的变化及其对学生的影响，围绕着人才培养的核心任务，坚持以学生为中心的原则，既着眼于社会需求，又兼顾学生的个人发展，强化"全员育人"的理念，力求构建起一个面向所有学生、分类指导、重点突破的职业生涯规划体系，最终实现全校师生共同参与，全程融入，全方位协同育人的新格局。

(3) 强化多元就业

乡村振兴是中华民族伟大复兴的重要组成部分，而人才是乡村振兴的核心。面对复杂的高校毕业生就业环境，鼓励学生到基层工作或创业不仅能落实乡村振兴战略，还能缓解部分学生的就业压力。有高校教师在访谈中提到，学校已制定支持基层就业的政策，并协调各部门推进包括大学生志愿服务西部计划、"三支一扶"、选调生、大学生村官等在内的多项举措。同时，学校加强了对入伍、西部计划、"三支一扶"等项目的宣传，并邀请了 J 市人社局工作人员为学生进行政策讲解，以增强学生基层就业的能力。此外，学校还通过开发科研助理岗位和提供第二学位教育等途径，帮助学生实现就业过渡。

2. 高校职业生涯规划指导工作的优化方向

(1) 打造重点群体帮扶体系

随着高等院校学生数量的持续增长，面临就业难题的学生比例也在上升，这使得高校需更加重视对这一特定群体的关注。所谓就业困难群体，是指那些由于身体条件、心理健康、家庭经济状况、社会环境、学术表现和个人技能等因素的影响，在求职与融入职场方面遭遇较多困难的学生。面对日益复杂的就业市场，妥善解决这类学生的就业问题是推进职业规划教育的重要环节。因此，部分高校正积极尝试多种激励和支持措施，致力于构建针对这些学生的就业援助体系，以帮助他们实现高质量就业。A 高校的一位就业指导教师指出，A 高校将进一步完善"三位一体"的就业援助模式，具体措施包括为面临就业困难的学生提供一对一的优质职位推荐服务，并计划建立一个数据库来记录这些学生的信息，根据各自的具体情况实施分类管理，确保每位学生都能得到个性化的支持方案。

（2）提升职业生涯规划指导功效

在当今信息海量的时代，确保信息的有效对接变得尤为重要。尽管高校已经实施了多种策略来促进学生的就业，但在将信息传递给学生的过程中，仍然存在脱节现象，导致效果并不理想。因此，为了应对这一挑战，高校应寻求一种更为精确的信息匹配方法，以便学生能够迅速地从大量信息中筛选出有用的部分，并结合全面的职业规划辅导，以此来提高就业工作的效率和成效，从而更有效地推动学生的就业进程。某高校的辅导员讲道："我们正在筹划创建一个专门针对尚未找到工作的毕业生的信息动态数据库，以便实时跟踪他们的就业状况。"这种做法旨在利用信息技术的力量，为每位毕业生建立个人化的就业资料，并提供更具针对性的职业规划建议。此外，充分利用信息技术的同时，还需不断创新职业规划辅导的方式。另一所高校的学生事务工作人员表示："我们打算充实职业规划课程的内容，从大学一年级就开始对学生进行职业规划教育，并向每位新生发放《生涯发展手册》，作为他们早期参与就业活动的工具，帮助他们尽早形成科学的就业观念。"此外，根据一些受访教师的意见，这两所高校都在努力提升职业规划辅导的质量，增加辅导工作的亲和力。一位教师指出，就业支持需要高品质的服务，尤其是贴近学生的个性化服务。学校工作人员应当站在学生的立场考虑问题，从他们的实际需求出发，专注于就业过程中的难点，简化服务流程，热情接待每一位来访的学生，确保服务成果令人满意。这样不仅能保证学生获得专业的职业规划指导，还能让他们感受到来自学校与教师的关怀与温暖。

（3）走内涵式发展道路

党的二十届三中全会通过的《中共中央关于进一步全面深化改革、推进中国式现代化的决定》对深化教育综合改革作出重要部署。随着我国高等教育步入普及化阶段，高校面临着前所未有的国际形势变化，承担着民族复兴的历史使命。遵循高等教育与高层次人才培养的基本规律，我国高校应当致力于教育内在质量的提升，将德育与人才培养作为核心任务，围绕学生的成长与发展，以及服务需求与就业质量的提升来展开工作，最终目标是增强学生的就业能力，并促进其素质的全面发展。在此趋势下，职业生涯规划指导工作的重心，从单纯追求就业数量向注重就业质量转变。B高校的一位就业指导教师回顾了学校过去的职业规划工作，并提出了未来的工作方向。他说道："以前我们过于关注就业的数量指标，特别是初次就业率等显性数据，却忽略学生的职业发展质量。"未来，学校在处理就业相关事宜时，应当超越简单的数字统计，建立一种新的就业质量观念，深入理解就业内在质量提升的意义，强调新就业观念的重要性。此外，B高校的一位辅导员补充道："为了支持高质量就业，我校必须将就业质量放在首位，以国家需求为指引，激发学生自我发展的动力，采取切实有效的措施来解决学生在就业意愿、实践能力和就业去向等方面的问题，从而推动学生实现更高水平的职业发展。"

（4）引导学生改变就业观念

根据访谈结果可以看出，虽然 J 市的两所高校在学生职业生涯规划方面建立了较为完善的管理和指导体系，但要使这些措施产生实效，还需要学生的积极参与。遗憾的是，许多大学生缺乏具体的职业规划，在毕业前往往对求职准备不够重视，也没有形成合理的就业态度。此外，一些学生对未来工作抱有过高的期望，这种理想化的观念有时会与现实脱节，从而影响他们的求职成功率。正如 A 高校的一位就业指导教师所言，学生不能只追求地理位置优越、薪酬丰厚、轻松的工作，而应更加关注个人的成长空间和发展机遇。将学业专长、个人兴趣及职业理想相结合，有助于提升职业满意度，并应当理性面对期望与现实之间的差距，通过制定分阶段的职业计划，争取更好的职业机会。

另外，在当今社会环境中，随着形势的迅速变迁，就业模式也变得更加灵活多变。这不仅要求高校学生能够及时调整自己的就业观念，还要求他们能够适应由时代进步所带来的新兴职业和岗位。鉴于此，高校应在就业指导工作中发挥更大作用，协助学生更新就业理念，以适应新时代的需求。A 高校的一位专业课程教师指出，学生在踏入求职市场之前，应该精准评估自身的兴趣与能力，并深入了解目标企业和相关职位的要求。摒弃以往"广撒网"的随机应聘方式，而是采取更为精准的策略，有针对性地选择行业、职位，精心准备简历，量体裁衣，以提升求职成功的概率。这强调了确立清晰就业目标的重要性。

在访谈最后的阶段，所有受访者均表达了对高校学生职业生涯规划指导未来发展的期望，以及对实现学生更充分、更高质量就业的信心。他们相信，在高校积极开展职业规划指导并与学生自身努力相配合的情况下，学生的就业状况将达到更高的水平。

二、问卷结果分析

1. 问卷信效度检验

信效度检验是验证问卷调查结果一致性、稳定性和可靠性的重要环节。

本研究使用 SPSS 22.0 统计分析软件，对问卷所涉及的变量进行 Cronbach's α 系数信度检验，评估问卷中重要性因子与满意度因子的内部一致性，测得的 Cronbach's α 系数范围在 0.75 到 0.93 之间，这表明问卷具有较高的信度水平，收集的数据具有可靠性。此外，为了检验问卷数据的有效性，本研究还实施了 Kaiser-Meyer-Olkin（以下简称 KMO）测量和 Bartlett 球形度检验。KMO 值落在 0.78 至 0.9 之间，并且 Bartlett 球形度检验的结果显示 p 值小于 0.001，这表明数据的效度满足要求。另外，因子分析后的累计方差解释率达到 67.12%，超过了 50% 的标准，这意味着研究能够有效地提取出足够的信息量。

2. 调查对象基本信息

根据调查结果，参与调查的女性有 192 人，男性有 140 人。在专业分布上，参与者主要来自财经、艺术、管理三个学院，这三个学院参与者的占比分别为 31.32%、15.18% 和 13.22%，其他学院的参与者合计占比为 40.28%。

在个人就业观念方面，71.32% 的受访者对自己未来的职业路径有大致的方向，但尚未形成具体的计划。只有 15.12% 的受访者表示他们对未来职业发展有着明确的规划。剩下的受访者则表示"没考虑过，顺其自然""没有规划，听家里人安排"，这显示出他们对于自身职业生涯的发展并没有过多的思考或担忧。

同时，有218位受访者认为，清晰合理的就业规划与成功就业之间存在必然联系，而极少数的学生认为就业规划与实际就业是两回事。由此可见，大多数受访者仍然非常重视就业问题。关于就业目的的调查结果显示，大多数受访者选择了"为了求得经济保障"，而部分受访者选择了"为了增加自己的工作经验和见识"，还有部分受访者选择了"为了赡养父母，提供物质保障"。在对未来工作相关因素的考量上，"薪资待遇""发展前景""与所学专业的契合度""理想、兴趣爱好"成为影响因素中排名前四的选项，占比分别为95.97%、90.18%、81.21%、78.12%。

3. 学生职业生涯规划指导重要性感知

问卷包含25道与学生职业生涯规划指导重要性有关的问题。调查结果表明，调查对象对这25道问题中涉及的职业生涯规划指导内容的重要性感知水平均位于"一般"与"非常重要"之间。均值较高的前五项分别是"提供个性化的职业生涯规划指导"（4.42分）、"就业政策针对性强"（4.22分）、"招聘信息真实有效且推送及时"（4.18分）、"开设学校职业生涯规划指导网站"（4.15分）、"全程化的职业生涯规划指导"（4.13分）、"实习期企业专业指导"（4.03分）。这些条目涵盖了与大学生职业生涯规划指导相关的政府、企业和高校三个主要方面，并且都指向了对更个性化、精确、全程及专业指导的需求。

可见，在当今这个快速演变且充满不确定性的时代，大学生们越发渴望得到个性化的职涯规划辅导。这样的辅导不仅有助于学生们认清并弥补自身的短板，还能帮助他们明确职业定位和发展路径，进而促进精准就业。通过全面分析个人需求与市场需求，学生们可以依据专业的职业生涯建议，及时调整自己的规划，这不仅提高了他们找到理想且高质量工作的可能性，同时也激发了他们的学习热情，提升了他们的自我驱动能力。此外，这也强调了各方参与者（包括教育机构、企业界及政府等）在学生职业生涯发展指导过程中所扮演的关键角色。这些相关方应充分利用自身资源与职能，积极促进学生的就业进程，确保学生能以最低的时间和机会成本，高效对接合适的就业机会。

从标准差的角度分析，若 25 个测量项目的标准差均低于 1.5，意味着调查对象对于这 25 个项目的重要性认识较为一致。相比之下，"举办多样化的就业活动""有效开设职业生涯规划课程""定期组织职业生涯规划指导主题讲座"这三项内容的标准差均超过 1，表明调查对象在这几项内容的重要性认识上存在较大的分歧。特别是对于"举办多样化的就业活动"和"定期组织职业生涯规划指导主题讲座"，调查对象可能存在认知差异，或是因为这些活动和讲座的形式或内容未能完全契合学生的就业需求。

因此，应鼓励大学生树立积极主动的求职心态，并充分认识参与就业活动的价值，从而自发地投身其中。与此同时，负责职业规划活动的指导人员应保持亲切友善的态度，创造一个和谐温暖的环境，使学生能在轻松的氛围中接受职业发展指导。此外，高校还应审视其组织的活动内容和形式是否符合学生的就业需求，是否能紧跟市场趋势并做出相应调整，确保学生能够学以致用，弥补其在职业认知和指导方面的不足，并为学生提供有针对性的帮助与解答。

4. 学生职业生涯规划指导满意度感知

问卷中设置了 25 道问题来评估学生对职业生涯规划指导工作的满意度。各项满意度感知的平均值均处于 2.71~3.69，处于"不满意"与"满意"之间。相较于前文提到的重要性感知水平，学生对职业生涯规划指导的满意度较低，这表明学生对学校提供的职业生涯规划指导总体上不够满意。评分较低的五个方面为："提供个性化的职业生涯规划指导"（2.75 分）、"全程化的职业生涯规划指导"（2.78 分）、"在线就业问题答疑系统完善"（2.83 分）、"就业政策的解读到位"（2.89 分）、"实习企业专业的实习生培养方案"（2.98 分），这些项目的评分均低于 3，并且标准差都小于 1，说明大多数受访者对这五个方面的满意度不高。

在当今信息技术迅猛发展的背景下，大学生越来越倾向于接受个性化的、专业性的在线职业发展指导。为此，高校可以有效运用现有的在线工具，如微信公众号和小程序，或开发学校专属的线上平台，来提供快捷、方便、有针对性的咨询服务。这样可以帮助学生在遇到困惑时迅速找到答案，并适时调整自己的职业规划。

与此同时，涉及大学生职业规划指导的各方主体也应提升其指导能力。政府部门应加强就业政策的宣传，确保学生能够准确理解和掌握相关政策信息。企业方面，应该将实习生培训视为业务的关键部分，并建立系统的培训机制，打造专业的实习培养模式。为了促进大学生顺利就业，各高校部门都需积极履行各自职责，与时俱进，共同为学生提供更为专业化的职业规划支持。

5. 重要性和满意度感知情况 t 检验

为了评估 J 市高校学生对职业生涯规划指导工作的重要性

认知与满意度之间的显著性差异，本研究运用了 t 检验方法来分析两者的数据。根据 t 检验的结果，所有项目的显著性均低于 0.01，这表明学生对职业生涯规划指导的重要性认识与实际满意度之间存在显著差异。此外，通过对比重要性认知与满意度之间的平均值差异可以发现，在 25 个评价指标上，重要性的平均评分均高于满意度的平均评分，这表明学生对现有职业生涯规划指导的期望超过了其实际体验，当前提供的指导服务有待改进与提升。

"实习期企业专业指导""实习企业专业的实习生培养方案""就业政策针对性强""就业政策的解读到位""提供个性化的职业生涯规划指导""就业指导工作人员的专业能力""开设学校职业生涯规划指导网站""全程化的职业生涯规划指导"这 8 项因素的平均差均超过 1，表明调查对象认为这些因素较为重要。然而，实际情况却显示出这些方面的重要性与其当前水平之间存在差距，整体表现未能达到期望，因此，在未来的职业生涯规划指导工作中，高校应特别关注并加强这 8 个方面，以提升学生的满意度，并更好地促进学生的就业。

第三节　本章小结

通过访谈和问卷调研，主要获得了以下发现：

第一，在机构建设方面，两所高校在学生工作管理板块均设立了专门的就业辅导部门，致力于为学生提供职业引导及相关服务管理。学校层面构建了自上而下的协调机制，由各二级学院具体执行相应职能。这些部门在校内开展面向全体学生的生涯规划教育，并为即将毕业的学生提供就业支持服务。此外，两所高校均重视外部合作，积极与各级就业管理部门、各类企业，以及校友创办的企业建立联系。

第二，职业生涯教育不仅依赖学校就业指导部门的专业教师，还依靠各院系的辅导员、学生工作干部及学术导师等多方面的力量共同推进指导和服务工作。与此同时，两所高校均重视对相关人员的职业技能培训，例如高校职业规划课程及全球职业生涯规划师等专业资格的培训项目。

第三，在实施指导活动的过程中，两所高校均以课程为中心，辅以讲座、招聘会、职业规划竞赛等多种与就业相关的教育活动。同时，积极为面临困境的学生提供援助，设立就业帮扶机制，并为有特殊需求的毕业生建立识别体系，以便分类开展就业指导与培训。此外，通过对学生的问卷调查发现，尽管学生普遍认为职业生涯规划指导非常重要，但满意度相对较低，这表明具体执行方法仍有改进空间。

第六章　国外高校职业生涯规划教育基本情况

第一节　美国高校职业生涯规划教育基本情况

一、美国职业生涯教育的理念

美国的职业生涯教育历史悠久，早在 1918 年，美国教育界就深刻认识到职业指导的重要性，将职业生涯教育确立为中等教育与高等教育的关键环节。这一举措不仅为全国范围内职业指导体系的构建奠定了坚实基础，还推动了该领域的持续发展。美国高校职业指导秉持以职业发展为核心、以学生为中心的理念，高度关注学生个人成长与发展需求。该理念将职业视为生活的重要组成部分，旨在帮助学生深入了解自身特点，促进个人发展，使其能够在未来工作中展现个人能力，满足社会需求，最终实现自我价值的完善与升华。这一理念深受舒伯的职业生涯发展理论和霍兰德的人格类型理论的影响。特别是在高等教育阶段，其重点在于培养学生形成合理的自我认知，深入探究职场环境，做出初步的职业选择，并引导学生分析自身的性格特征，寻找适配的工作环境，从而实现个人价值。

二、美国职业生涯教育的组织体系

美国的高校在职业生涯教育管理方面采用了分散式的管理

模式。在联邦层面，设有专门的部门来协调各州及相关部门之间在职业生涯教育方面的指导工作。在州一级，则设有相应的部门统筹本州内学校的职业生涯教育活动，包括制定和设定相关的指导计划、内容、方法。各个高等教育机构内部也会设立就业规划中心、职业发展中心、学生安置办公室等机构。比如，哥伦比亚大学就专门设立了就业指导中心，内设职业介绍、文档处理、生涯规划咨询、职业信息检索、兼职工作推荐等多个功能部门。此外，像哈佛大学这样的高校，其下属的各个学院均配备了职业指导中心，配备了专职的辅导教师为学生提供职业规划、生涯咨询、学术指导，以及生活方面的辅导。作为美国高校重要服务项目，职业生涯教育获得到了充足的财政支持。这些资金通常来源于两方面：一是学校根据学生人数按比例划拨的资金，一般占学生总预算的 5%；二是来自社会各界人士的捐赠。例如，南加州大学就业指导中心的年度预算是 42 万美元，加州大学洛杉矶分校的同类机构的预算则高达 150 万美元，其中一半的资金直接用于支持在校生的职业生涯教育活动。

三、美国职业生涯教育的师资队伍建设

美国的高校职业生涯教育体现出了高度的专业化及系统性，要求从业者具备注册生涯辅导师资格。高等教育机构中的职业发展部门通常具有精细的角色划分，包括中心主任、职业顾问、协调专员等职位。为了确保服务质量，这些机构配备了充足的专职与兼职员工，专职员工与学生比例大约为 1∶200。美国生涯教育从基础教育阶段便已开始。1994 年，美国教育部与劳工部联合推出了校外实践项目，面向 1 至 12 年级学生，旨在让青少年在进入高校前了解职场人才需求。小学阶段，通过企业进校园讲解职业知识及要求，并组织学生参与实践活动；中学阶段，为学生提供 1 至 6 个月的实习机会。所有社会实践经历均会被记录在学生的个人职业生涯档案中，为高校录取学生提供参考依据。美国高校的职业发展教育拥有完善的工作框架，覆盖了学生在校期间的所有教育阶段。这类教育通常以系列讲座形式，每学年根据特定主题对学生进行职业指导。大学一年级时侧重经济和技术趋势的分析；大学二年级通过心理评估和咨询帮助学生认识自我，并参与社会实践；大学三年级着重教授学生如何收集市场信息并与雇主有效沟通；大学四年级聚焦求职技巧的培训，帮助学生独立获取就业信息。此外，该教育还特别强调创新创业精神的培养，定期邀请成功企业家分享经验，激发学生的创业潜力。美国高校的职业发展服务不仅种类繁多，而且注重实效。如"才能展示记录"项目为参与者提供记录卡，以增强其就业竞争力；某些学校的"精英职业培训计划"，则为优秀学生提供个性化的职业指导，帮助他们在毕业后顺利进入全球知名企业。

四、案例——得克萨斯大学职业生涯教育的情况

得克萨斯大学在学生职业生涯教育方面表现突出。本书在参考先前研究成果的基础上，利用网络信息进行了汇总分析，详细探讨了该校在职业生涯教育领域的实施情况。

1. 得克萨斯大学达拉斯分校 EPSA① 辅导的实施机构

得克萨斯大学达拉斯分校（以下简称 UT Dallas）位于得克萨斯州理查德森市，共有八个学院。这所公立的研究型大学以其在建筑学、自然科学、计算机科学及认知科学领域的成就而著称。该校设有职业发展中心，专门为在校师生及校友提供职业规划与支持服务。此中心隶属于学生事务部门，并且是国

---

① EPSA：是 Explore（探索）-Prepare（准备）-Start（实践）-Adapt（调适）。

家学院与雇主协会的一员。职业发展中心下设多个部门，包括行政管理、职业咨询、就业信息服务，以及学生就业管理等部门，构建了一个充满创新、集中化、积极进取且具示范性的职业支持平台，帮助成员们有效地规划并管理自己的职业生涯。中心提供多种资源，包括出版物、视频资料、多媒体工具和在线资源等。中心的职业资源图书馆收藏了超过 400 种与职业相关的信息资源，涵盖从职业探索到求职技巧、简历撰写、求职信准备及面试策略等多个方面。此外，图书馆还提供了多种电子资源，如 Choices Planner、Vault Campus、Going Global 和 Handshake 等工具，以便学生随时获取所需信息。职业发展中心致力于做好三件事：一是提供广泛的职业辅导计划，帮助学生适应未来可能发生的职业变迁；二是与企业合作伙伴共同设计并执行有效的合作项目；三是强化与学术部门的合作，提升职业导向教育的质量。中心的活动与指导项目围绕五大核心理念展开：一是激发自我赋权，鼓励个人主动管理自己的职业生涯；二是构建活跃的合作网络，促进校内外关系的发展；三是以学生为本，确保提供的服务及时有效且可靠；四是追求高标准的专业表现与持续改进；五是重视个体差异，体现对学生多样性的关怀与尊重。

2. 得克萨斯大学达拉斯分校 EPSA 辅导的内容与形式

职业发展中心认为，职业规划是一个贯穿人一生的、周期性发展的过程，并以此为基础进行了 EPSA 职业指导模型的实际应用。无论学生处在 EPSA 循环的哪个阶段，职业发展中心都准备好提供相应的支持。根据 EPSA 的莫比乌斯环理论框架，职业发展中心确立了一套具体的学生职业规划与辅导流程。首先是自我评估。在这个初始阶段，中心工作的重点是帮助学生更好地理解自身的特点，包括技能、兴趣、倾向和个人价值观念。其次是探索与定位。辅导员会指导学生主动地发现与自身特质相匹配的职业路径。接着是技能与经验的积累。职业发展中心提供多种渠道，助力学生提升必要的技能与知识水平。再者是自我推销。这一步骤强调沟通技巧的重要性，鼓励学生扩展社交网络，学习如何有效地展示自我。最后是行动计划的执行与调整，包括技能的进一步磨炼及做出合理的职业决策。为了支持学生完成各个阶段的职业发展目标，UT Dallas 职业发展中心提供了全方位的服务与资源。这些服务包括组织职业展览会、专题讲座和校园招聘活动，安排必修及选修的职业培训课程，举行模拟面试，以及安排校内外实习，力求全方位促进学生与潜在雇主之间的互动，提供细致周到的支持。

（1）举办校园招聘，开展职业博览会和研讨会

UT Dallas 职业发展中心通过举办各类活动来履行其职责，这些活动帮助学生更好地理解职场，并与潜在雇主建立联系。中心定期组织校园招聘会、职业博览会及专业研讨会，为学生提供了解不同职业领域的机会，并增强他们与雇主之间的互动。例如，每年春秋两季，学校都会举办职业博览日，其间将开展多项活动，包括志愿者展示会、职业展览、研究生院介绍会、反向招聘展、公共服务实习展、教育行业招聘展，以及即席职业展。此外，学校为所有学生提供了涵盖多个方面的专业讲座，如商务着装指导、简历制作、求职信撰写、面试技巧培训等。特别是春季学期，讲座的内容会根据社会需求和学生反馈进行更新，涵盖如网络个人品牌塑造、简短自我介绍技巧、交通礼仪及商务礼节等主题。UT Dallas 职业发展中心还提供了职业探索研讨会及职业兴趣测评等活动。据规划，UT Dallas 职业发展中心在 2023 年的春季举办共计 15 场涉及求职文书写作、职业访谈准备、简历优化及面试技能提升的专业研讨会。

（2）构建网络服务系统，促进信息流通

信息的时效性对于职业规划至关重要。因此，UT Dallas 职业发展中心致力于完善其在线服务平台，促进信息的快速流通和各方的有效沟通。为了确保学生能获取最新的职业资讯，职业发展中心推出了职业之路时讯栏目（Career pathways Newsletter），定期发布电子简报，内容涵盖即将举行的职业活动、可用的服务，以及职业规划资源和策略，以此支持学生构建自己的职业发展蓝图。此外，UT Dallas 职业发展中心还建立了职业点的视频网站，在该平台上汇集了众多行业专家分享的视频，涵盖了从面试准备到后续跟进的各种实用技巧和知识要点。另一个值得注意的工具是"握手"（Handshake）平台，这是 UT Dallas 职业发展中心为学生提供的一站式在线职业服务门户。该平台不仅提供个性化的工作推荐，还支持活动注册、预约管理和与超过 25 万名招聘者的直接对接。作为高效的职业管理工具，"握手"对 UT Dallas 的学生及校友开放，并允许校内外雇主建立账户以发布招聘信息。通过"握手"，用户可以随时随地使用任何设备登录，并上传或更新他们的电子简历，添加新的工作经验、成就或奖励。这一平台简化了招聘信息的发布流程，方便了求职材料的提交与交流，同时也为学生提供了接触雇主，以及寻找兼职、实习、暑期工作乃至全职职位的机会。

（3）开设职业生涯发展课程

在 UT Dallas，职业生涯发展教育主要分为两大板块：职业规划教育与求职技巧培训。在职业规划教育部分，学校通过心理测评、职业倾向评估及规划流程的设计来培养学生自我管理和未来规划的能力。同时，职业发展中心与多个院系如文理学院、管理和经济学院、马克思学院，以及跨学科研究学院合作，共同推出了一系列面向不同专业学生的可计入学分的职业课程。这些课程可供所有有兴趣的学生选修，并且学生在完成课程后可以获得相应的学分。除此之外，学校还提供了额外的职业探索工作坊，涉及领域广泛，包括但不限于表演艺术、健康护理、营养学与食品安全等，旨在帮助学生更全面地发掘个人职业兴趣与潜力。求职技巧培训则专注于提升学生的就业竞争力，涵盖的主题有面试准备、简历优化、商务礼仪、人脉建设、积累工作经验的方法，以及如何平稳实现从校园到职场的过渡等实用内容。

（4）丰富校内外实习计划和项目

UT Dallas 为学生提供了多种校内外实习机会，鼓励学生尽早参与实习以积累实践经验。学校推行了一种名为课程实践训练（Curricular Practical Training，以下简称 CPT）的计划。这是一种结合学术学习与实际工作经验的结构化方案。CPT 要求实习经验必须与学生的学术课程紧密相连，作为课程的一部分。这一计划主要面向已在美国高校注册至少一个学年的 F-1签证持有者。此外，学校还提供国际实习项目，强调海外经历对于个人成长和职业发展的重要性，尤其是在日益全球化的背景下。每年暑期，UT Dallas 的职业发展中心会与 Connect-123机构合作，为学生提供为期 8 周的国际实习机会，实习地点覆盖了爱尔兰的都柏林、阿根廷的布宜诺斯艾利斯、西班牙的巴塞罗那等地。UT Dallas 职业发展中心还会为希望参与国际实习的学生提供咨询和支持服务。对于寻求在校工作的学生，学校同样提供了春季和秋季学期每周最多 20 小时的兼职岗位，并允许其在暑假及学期内的正式假期期间申请全职工作。除了校内职位外，学校也支持学生寻找校外的工作机会，包括观察体验项目（如 Explore the World of Work）和职业见习计划

（Work Shadowing Program），这些项目有助于学生了解职场环境，建立职业关系，并将理论知识应用于实践。另外，还有由联邦和州政府资助的工作学习（Work-Study）项目，为符合条件的学生提供财务援助的同时，也为他们提供宝贵的实习经验。通过这些实习岗位，学生有机会参观企业设施、旁听员工会议、参与日常办公任务、了解企业文化及愿景、与招聘人员交流，并接触行业校友，以及获取相关企业的市场信息。总体来说，这些实习项目不仅让学生们有机会体验真实的工作环境，而且有助于他们在未来的职业生涯中更好地适应职场需求。

（5）配置职业教练和顾问，提供职业辅导与评估

个人的职业规划与发展通常是一个贯穿整个生命周期的持续过程。UT Dallas 职业发展中心为学生配备了 7 位专业顾问，致力于引导并激励学生们探索自身的职业路径及做出明智的职业决定。学生们亦可预约个人咨询，以便更精准地进行符合自我特质、兴趣、能力和价值观的职业选择。此外，该中心还提供了一系列辅助工具与资源，旨在帮助学生更好地发掘并探索潜在的职业方向。这些资源包括由职业顾问主导的迈尔斯-布里格斯性格分类指标（Myers-Briggs Type Indicator）、自我导向搜索（Self-Directed Search），以及强项兴趣清单（Strong Interest Inventory）。UT Dallas 职业发展中心还提供了诸如"选择规划"（Choices Planner）之类的评估工具，帮助学生理解如何寻找合适的职业，并参与学校的就业准备活动。借助职业传记（Vocational Biographies），学生可以了解他人的职业经历，从中获取对职场生活的直观感受。对于即将踏入职场的学生，职业教练会提供有针对性的支持与激励策略，协助他们设定并实现目标，优化职业选项，并通过监督任务执行情况来保

证其质量与效率。

3. 得克萨斯大学达拉斯分校 EPSA 辅导实践取得的成效

在 UT Dallas，EPSA 框架下的职业规划辅导展现出了多样化的方法和全面的内容。该校遵循 EPSA 理念，构建了一套特色鲜明的职业指导实施方案，并已取得初步成效。

第一，构建全程化的指导体系。UT Dallas 为学生在整个大学期间提供职业规划支持，覆盖从入学前到毕业后的各个阶段。学校职业发展中心为不同年级的学生设计了详细的职业规划指南，鼓励学生尽早开展职业规划。一年级新生入学后，便被引导与职业中心建立联系，创建个人 Handshake 账号，并通过一系列学术活动探索自身兴趣与技能。职业顾问会协助学生确定专业方向，建议学生与教师积极互动，同时鼓励他们参与校园社团及志愿服务，以此提升沟通能力和环境适应能力。到了第二学年，培育重点转向简历撰写、求职信创作及面试技巧培训。学校还会举办职业策略研讨会和招聘会，增加学生与潜在雇主的接触机会，并指导学生如何构建专业的社交网络。此外，学生被鼓励通过与行业从业者交流，明确感兴趣的职业领域。进入第三学年，学校鼓励学生参与社会实践活动，提醒他们在 Handshake 等求职平台上更新简历，记录新获得的工作经验和成果。职业中心持续提供各类工作坊和模拟面试，同时分享实习和暑期工作机会的信息。第四学年时，教育重心转向帮助学生评估和拓展潜在雇主的选择范围，协助学生与过往雇主或实习主管保持联系以获取推荐信，并提供针对特定行业的职业培训课程。职业发展中心还会帮助学生分析工作机会，确保他们能够依据职业目标做出最佳决策。

第二，实现多元化的辅导方式。在 UT Dallas，学生的职业生涯辅导已超越传统的职业规划课程范畴，变得更为多元和全面。职业发展中心与文学院、商学院、管理学院，以及跨学科研究学院等多个院系合作，共同开发出融合各自专业特色的辅导项目。中心定期组织多种职业交流活动，如洽谈会、研讨会、展览会、校园招聘会等，这些活动增加了学生与企业直接交流的机会，使学生能够更直观地了解职场环境。UT Dallas 职业发展中心配备了专职的职业顾问和生涯教练，为学生提供个性化的咨询服务，帮助他们制定生涯规划并传授实用的求职技巧。同时，职业发展中心利用现代信息技术，如在线平台和社交媒体工具，迅速传递最新的就业信息，促进学生与雇主之间的沟通。此外，学校还推行了国际教育计划和职业探索项目，鼓励学生参与校内外实习实践。这种多渠道的职业生涯规划，为学生搭建了优质的发展平台，创造了广泛的就业机遇。

第三，形成网络化的服务平台。一个高效的网络服务体系对于信息的及时更新至关重要。UT Dallas 运用先进的信息技术，构建了一个便捷的在线平台，支持学生的职业生涯规划与发展。该校的职业发展中心推出了一款名为"握手"的一站式就业服务网络平台，学生不仅能借此获取个性化求职指导，还可了解超过 25 万名雇主的信息。通过该平台，学生可以不受时空限制地访问就业资讯、提交个人简历、搜寻实习机会、预订职业咨询服务或模拟面试、报名参加各类活动等。此外，"完美面试"在线系统为学生提供面试技巧实践机会，学生可针对预设面试问题，以文本或视频形式作答，并通过回看表现获得改进反馈。其他如 CareerSpots、Vault Campus、GoinGlobal、Focus 2Career 等平台也为学生提供了多样化的资源，从不同角度帮助他们积累职业知识与技能。这些在线服务平台能够快速、有效地向全校师生传播最新且重要的活动与信息，帮助他们紧跟就业市场的变化，把握职业发展的机遇。

第四，营造个性化的发展环境。UT Dallas 通过多样化的内容和形式实施了面向大学生的 EPSA 职业生涯规划辅导模式，为学生个人成长定制专属路径。首先，UT Dallas 将职业规划教育纳入正式的课程体系，并与各院系协作，使学生可以根据自身的性格、兴趣和专长来选修相应的学分课程。除了开设面向全体学生的职业教育课程外，学校还特别重视一对一的个性化辅导服务。职业顾问能够为学生提供专属咨询，生涯导师则可以根据每位学生的具体需求，量身打造发展计划。此外，学校还提供丰富的线上资源，例如 CareerSpots、Choices Planner 等网站，以便学生按需自主学习与探索。借助"握手"平台，学生能够创建并维护个人在线档案，从而更好地规划和管理自己的职业发展进程。不仅如此，学校定期举办各式各样的职业发展活动，包括职业展览会、研讨会、招聘会、校内外实习机会、国际交流项目及实践培训课程等，这些举措共同推动了学生个性化职业发展道路的形成。

第二节　日本高校职业生涯教育基本情况

一、日本高校从就业指导向职业生涯教育转型的背景

在 20 世纪 90 年代之前，日本的高校毕业生就业率一直维持在较高的水平，即便是在 20 世纪 80 年代末至 20 世纪 90 年代初的泡沫经济初期，这一比率也大约保持在 80%。可以说，在这段时间里，日本的高校并没有将促进学生就业视为首要任务。尽管泡沫经济的到来为日本高校反思其人才培育策略提供了契机，但大多数日本高校未能及时制定出有效的应对措施，对学生的就业辅导仍局限于传统的职业介绍服务。那么，究竟是哪些因素推动了日本高校从简单的就业辅导转向全面的职业

生涯教育呢？

1. 大学生从学校向社会过渡中所面临社会问题的急剧变化

自 20 世纪 90 年代起，日本经历了显著的社会变迁与生活方式的转型。这些变化包括社会结构的迅速老龄化，以及全球化进程中产业结构的调整等。这些因素共同影响了社会的整体形态。对于大学毕业生而言，从校园步入职场的过程变得愈加复杂。随着全球化的加深，国际市场竞争激烈，加之日本国内经济结构调整，企业开始拓展海外市场。自 20 世纪 90 年代以来，原本失业率较低的日本遭遇了经济增速放缓的问题。这一状况导致许多员工及其家庭面临失业风险和生活质量的不稳定，失业率上升。此外，为了应对全球经济一体化所带来的挑战，许多公司采取了降低成本与优化管理模式的新策略，传统的终身雇佣和按资历晋升的制度逐渐淡化。这种转变减少了企业对新毕业生的招聘需求，进一步增加了劳动力市场供需之间的摩擦，使得年轻人就业变得更加艰难。

2. 现代日本年轻人生活意识的变化

日本当前的就业率低迷不仅是因为岗位稀缺，还反映了年轻人在职业观念上的不足之处，反映了普通人缺乏积极投身劳动的意识和热情。此外，他们对于如何通过工作实现个人价值的理解也有待提高。根据日本统计局的统计数据显示，尽管日本正经历着人口老龄化和生育率下降的问题，但从 2000 年开始至 2010 年，15~24 岁年轻人的失业率一直维持在 10% 以上。这种情况导致了劳动力市场的结构变化，并为社会带来了更多的不稳定性。同时，随着社会对高学历人才的需求增长，一些大学生因缺乏清晰的职业规划而选择继续深造，这一类人所占的比例也在上升。这表明，越来越多的年轻人倾向于采取回避的态度来面对社会竞争。这样的现象不仅会影响他们的家庭生活，未来也将对整个社会产生深远的影响。因此，需要鼓励年轻人准确地认识自我，自主决定自己的人生道路，并具备独立生存的能力。同时，高等教育体系也应该提供更加系统化的预备教育，帮助学生更好地了解现状，并从支持青年成长的角度出发，采取必要的措施。尽管日本的高校在就业辅导方面有一定的经验积累，但在培养学生的劳动态度和职业观念上，仍有很大的改进空间，特别是需要加强职业生涯教育来提升这方面的能力。

3. 早期离职率及未就业毕业生数的增加

在日本泡沫经济破灭前，大学毕业生通常能顺利过渡到职场，开始他们的职业生涯。然而，自 20 世纪 90 年代泡沫经济结束后，这种模式发生了转变。数据显示，未能立即就业的毕业生和那些在入职后不久便辞职的毕业生所占比例都有所上升。这意味着，一方面，越来越多的高校毕业生选择不立即就业；另一方面，即使找到了工作，许多毕业生也会因为实际工作环境与个人期望之间的落差而选择离开职场。根据日本三菱综合研究所的研究，不清楚适合自己的工作岗位成了高校毕业生求职的关键问题。大学毕业生对工作的兴趣减退，以及期望与现实之间的差异，凸显了大学需要加强对就业准备的关注。这也反映出当代日本年轻人对生活和劳动的意义缺乏深入的思考。要减少大学毕业生早期离职的情况，重要的是要帮助学生在选择雇主时能够全面搜集信息，并深入理解职业生活的本质及其所在行业的情况。关于大学教育的作用，日本劳动政策研究与发展研究所的研究员小杉礼子在其研究中指出，接受过大学提供的职业体验项目的学生对此类项目的评价较高，职业规划支持课程和学校举办的讲座则未能达到预期的效果。由此可以看出，在大学阶段的职业生涯教育中，有必要进一步增强学生自主进行职业规划的能力。

二、日本职业生涯教育的组织体系

日本的高校在职业生涯指导方面，注重个体与职业的适应性及就业引导。其核心任务在于提供精准与定制化的职业建议和支持，旨在协助大学生探索适合自己的发展空间，并在职业经历中不断进步与成长。

在日本，文部科学省与厚生劳动省共同承担着促进大学生就业的任务。根据相关法律规定，文部科学省的主要职责包括管理学生奖学金及提供教育、健康、咨询等方面的支持。这些支持措施中也涵盖了职业发展指导和个人生涯规划。高等教育局下设的学生司具体负责毕业生的就业服务工作。此外，地方层面也建立了相应的毕业生就业服务体系，这些体系由厚生劳动省在全国范围内设立的地方分支机构组成，如学生职业中心和公共职业稳定办公室。前者致力于为学生提供包括职业咨询、职位匹配在内的多项服务，后者则是政府提供的就业支持机构，为包括应届毕业生在内的求职者提供职业介绍和就业导向服务。日本的大学内部同样设有多种形态的职业指导部门来支持学生的就业准备。这些机构可以分为三类模式：依赖于公共职业稳定办公室的模式、学校与公共机构合作的模式，以及完全由学校主导的职业指导模式。目前，大多数高校采取了以学校为主导的职业指导模式，并且在院系层面也设立了相应的职业发展支持机构。除了上述官方渠道外，日本还存在大量私营机构和社会组织，它们通过网络平台为毕业生提供招聘信息和职业规划服务，协助毕业生更好地进行职业规划，并且有时还会受邀到高校举办职业发展研讨会和提供专业的职业咨询服务。

三、日本职业生涯教育的形式

首先是举办职业规划研讨会。此类研讨会通常由校方负责职业指导的部门组织，并邀请行业内的专业人士来进行分享。分享内容涵盖职业路径规划技巧、心态调整建议、行业趋势分析及就业形势解读等。在日本，大学从学生大三下学期起便提供针对不同职业目标的定制化研讨会，例如面向企业求职者、公务员职位竞争者、女性毕业生、教育领域应聘者和国际学生的职业规划专场。其次是编撰与发布就业指南。学校会编制一份详细的就业指南，分为指导、资料及数据分析三个部分。指导部分介绍如何有效利用校园资源，求职流程和签订就业协议时应注意的事项；资料部分收录了前辈们的求职心得及职业规划经验；数据分析部分则汇总了历年毕业生的就业统计，按不同行业、地域及学科展示毕业生的就业情况和发展现状。此外还有职业资讯中心。在日本的大学里，几乎每所学校都有一个职业资料室，职业资料室会提供丰富的企业招聘信息、公司简介、行业研究报告，以及多媒体形式的职业描述资料。同时，这里还保存着已毕业校友的成功职业规划案例供在校生参考。再者是开设职业规划课程及提供个性化咨询服务。日本三分之一的国立大学已将职业规划教育列为正式课程，教授职业类型概览、基础规划知识及生涯辅导等内容。另外，约七成的学院设有职业咨询中心，提供集体或一对一的职业咨询服务。最后是支持职业体验项目。1997 年，日本实施了"体验式就业"计划，鼓励大学生根据自己的专业背景到相关单位实习或进修。这不仅能拓宽学生的视野，提升其专业技能，还能增强他们的责任感和自主性，有助于明确个人的职业发展方向。

四、日本职业生涯教育的特征

日本的教育体系从中学阶段便开始重视职业规划的基础建

设。在日本学校，有一套成熟的职业指导系统，中学生需要参加一系列的"未来路径指导"课程，初中一年级到高中三年级分别设置 10、20、15、13、17、11 个课时。这些课程能够帮助学生更加科学合理地选择未来的高等教育方向，并且明确自己的学习目标，从而更好地规划未来发展。这样早期的职业规划教育，为大学阶段的职业教育奠定了坚实基础，让高校能够更深入地向大学生传授职业规划的知识和技巧。此外，日本的大学提供贯穿整个学习周期的职业管理与咨询服务。从学生入学起，学校就为其建立个人职业发展档案，并持续提供各类支持服务。一些大学甚至会持续跟进已毕业的学生，通过邮件、电话或面对面交流等方式保持联系，帮助他们顺利适应职场生活，缓解从校园到职场的不适。同时，针对那些选择成为自由职业者、临时工或者在短时间内离开工作岗位的毕业生，大学也会主动了解他们的状况，提供针对性的职业指导，协助其克服职业发展中遇到的困难。

第三节　澳大利亚高校职业生涯规划教育基本情况

一、澳大利亚职业生涯教育的历史背景

澳大利亚的教育体系起源于 19 世纪晚期，并受到国际上其他教育模式的影响。从 1872 年起，在维多利亚州，学校教育逐渐转变为强制性的，并且当时的立法机构强调教育应当培养学生的纪律性、秩序感及对权威的尊重。这种趋势导致毕业生能够适应职场的要求，并且展现出对雇主及国家的责任感。自此以后，澳大利亚的教育系统中便包含了学校教育、公民责任、职业准备三个部分，生涯规划教育逐渐成为高中课程的一个组成部分。教育系统承载了一定的社会功能，旨在满足国家

发展的人才需求。其目标在于塑造未来的社会成员，使其不仅具备良好的公民意识，还能掌握符合行业标准的专业技能，这也标志着早期生涯教育理念的初步形成。

在 20 世纪初，教育体系不仅注重学术培养，还涵盖了职业技能与家庭生活技能的教学。这种多元化的教育模式恰好适应了当时的社会需求，因为那个时代从事工商业以谋生的人群与专注于家庭事务的人群有着明确的分工。此类教育模式直到 20 世纪 70 年代后才开始式微。在这一时期，大部分学校的初中到高中阶段（7 至 12 年级）学生留校比率不足 30%。同时，学校课程中加入了生涯规划教育，强调培养学生的敬业精神，并提供就业及职业相关信息。此外，学校还进行了多项测试，评估学生的能力与兴趣是不是能够与广泛的职业选择相匹配。

20 世纪 70 年代的经济低迷最初源于制造业劳动力市场的萎缩，随后其影响扩散至各个可以借助技术实现更高效、低成本运营的行业。这一转变导致面向年轻人的全职岗位数量减少。随着经济结构的变化，年轻人步入社会所需做的准备、工作的特性、职场环境也随之演变。生涯教育的理念因此得到了强化，其关注点转向了课程内容与劳动市场需求的对接，以及现代社会对个体及其社会角色的认知。生涯教育模式受到了发展心理学研究的影响，它认可个人与其所在社会之间的紧密联系在其职业决策过程中的重要性。在这种模式下，教师的角色转变为促进学生获取知识，支持他们探索并理解自身的需要与期望。

二、澳大利亚职业生涯教育的发展

1997 年，麦克恩与麦考齐为澳大利亚的中小学及高等教育机构的职业教育从业者发布了一份指南。这份指南总结了 1992 年澳大利亚教育委员会职业学习工作小组的研究成果。

其主要目的是增强学校体系内对职业学习的认识，并强调了 K-12 教育阶段应培养的四大核心内容：基本就业能力、创业教育、职业生涯教育、社区与实践导向的学习。自此，职业生涯教育逐渐成为学校重点发展的领域，并获得了越来越多的关注。

2001 年的报告《通往未来的足迹》(*Footprints to the Future*) 提出，应当为所有青年提供专业职业发展支持的机会。报告强调，职业指导对年轻人极为有利，因为它提供了精心设计的信息、指导和支持服务，将劳动力市场、教育和社会咨询结合起来，帮助年轻人做出明智的选择。此外，报告还指出，为了确保职业指导服务的质量，这些服务应当由具备相应资质和技能的专业人士提供，并且需要将这些服务整合进课程体系中。该报告肯定了职业指导对于青年的重要性，并主张为所有年轻人提供这类指导和支持。

2003 年，《技能融合》(*Bridging the Skills Divide*) 报告建议，所有中学生都应有机会接受经过专业训练并拥有扎实知识基础的职业顾问的指导，无论这些顾问是直接在学校内部还是通过企业合作或其他外部资源的形式提供服务。此外，报告还提议将职业发展模块纳入教师教育的课程之中。这意味着，除了学生需要得到专业人士的职业教育支持外，教师也应该接受相关的职业教育训练。

2003 年，经济合作与发展组织（Organization for Economic Cooperation and Development，以下简称 OECD）发布的关于澳大利亚的报告，在评估该国的职业教育发展及相应服务后，建议所有州和地区的学校都应雇用具备职业指导专业资质的人员。为了加强这一提议，还应当增加对职业指导从业者的专业教育培训。此外，学会工作（Learning to Work）报告和《职业与过渡服务框架》均表明了澳大利亚政府致力于提升职业教育资源的决心。各州和地区普遍支持政府的这项倡议，并且一些地区开发了适用于本地的职业教育课程。

2004 年的学会工作报告指出，人们逐渐形成共识，认为有效的职业教育服务对于学生顺利完成从学校到职场的过渡至关重要。报告建议将职业教育纳入学校的核心课程体系，并由专门的职业教育教师授课。根据报告的建议，每一所中学都应配备至少一名专职的职业顾问，这名顾问须具备相关领域的专业知识，在学校内提供系统化的职业教育服务，并与校内负责职业教育与培训的协调员协同工作。报告明确强调，职业教育应当成为中学核心课程的重要组成部分，并确保有专职人员负责这一领域的工作。

2004 年，《生涯转变与服务框架》（*CTS Framework*）指出，为帮助青年顺利实现从学校到继续教育、培训或就业的过渡，并在其职业选择、课程学习、职业道路决策上提供必要支持，他们应获得专业顾问的信息和服务。有效的生涯指导须由具备专业训练并获得来自社区和教育机构支持的专职人员提供。这些专职人员除了承担生涯指导职责外，还需在校园内兼任其他关键职务，以增强其在生涯教育方面的影响力。生涯教育不仅不可或缺，还应在学校体系中占有更重要的位置，并发挥更强的作用。

（1）联邦政府确立了一套针对生涯教育的国家标准，并建立了一套评估生涯教育从业者资质的程序。

（2）联邦政府在澳大利亚生涯发展蓝图的设计与实验中借鉴了加拿大在生涯教育领域的研究成果。

（3）联邦政府发起了澳大利亚生涯发展研究项目，旨在为生涯教育从业者提供指导，并为青年人的过渡阶段提供建议。

（4）联邦政府通过提供奖学金，确保从事生涯教育的教师有机会接受进一步的专业培训，并参与短期的企业实习。

由此可见，人们对生涯教育重要性的认知日益增强，国家与学校正逐步提升生涯教育的地位。向每位学生普及生涯教育，并将其作为核心课程的组成部分，由具备专业背景的生涯教育人员实施，且这些人员应当拥有持续进修与学习的机会。此外，联邦政府亦设立了生涯教育的标准与参考框架以评估其质量。

三、澳大利亚职业生涯教育的实施机构

澳大利亚实行联邦制，主要的政府职责在联邦政府、六个州，以及两个领地之间进行划分。州政府通常负责管理学校教育，联邦政府则侧重于提供财政支持。各州政府有权自主制定教育课程。在完成义务教育之后的职业教育与培训领域，以及高等教育中，州政府还拥有相应的立法权限，包括对私立生涯教育机构课程的授权。虽然提供就业服务是联邦政府的责任，但部分州政府也参与其中，提供了相关的就业服务。

职业生涯指导服务涵盖多个领域，如中小学、大学和学院、培训机构、公共雇佣服务、公司、志愿或社区部门及私人机构。在国家层面，公共就业服务大多通过外包给私营企业的方式来运作。相较于某些 OECD 成员国，澳大利亚的职业生涯指导服务中私营部门的参与程度较高。

在澳大利亚，职业生涯教育主要在中小学阶段展开，同时大学和技术与继续教育学院也提供了相关的职业指导服务。此外，私营的职业教育服务机构可以通过竞标并签订合约的方式，为学生提供职业生涯教育服务。

众多联邦、州和地区的机构都在提供职业发展服务，然而

并没有任何一个机构专门负责在整个生命周期内持续提供职业信息、指导和咨询服务。

澳大利亚的生涯指导服务主要由澳大利亚教育、就业、培训及青年事务部长委员会（Ministerial Council on Education, Employment, Training and Youth Affairs，以下简称 MCEETYA）协调，该机构汇集了联邦及各州层面的教育、就业、培训和青年事务部门的信息。1998 年，其下属的国家职业工作组发布了若干关于职业发展教育和咨询的原则，他们认为这些原则将有助于培养终身学习者，使他们能在工作与学习之间灵活转换，并适应不断变化的环境。1999 年，MCEETYA 公布了《阿德莱德宣言：21 世纪学校教育的国家目标》（*The Adelaide Declaration on National Goals for Schooling in the Twenty-First Century*），设定了学校教育的目标，其中包括确保所有毕业生掌握与就业相关的技能，理解职场环境，将其作为职业与技术教育、高等教育、就业，以及终身学习的基础，并对此持有积极态度。

澳大利亚的教育、科学与培训部（Department of Education, Science and Training）在制定全国通用的生涯信息、指导和咨询服务方面发挥了重要作用，涉及政策制定、资金支持及项目开发等多个层面。

澳大利亚的雇佣与工作关系部（Department of Employment and Workplace Relations）负责监管公共服务雇佣体系，并在提供以职业为导向的劳动力市场信息方面起到了关键作用。同时，福利部（Centrelink）作为服务传递的门户，使得公众可以获取到由教育、科学与培训部管理及资助的相关服务。

澳大利亚国家培训当局委员会（Australian National Training Authority，以下简称 ANTA）负责职业与技术教育培训（VET）

领域的政策构思和财政支持。该委员会于 1994 年创立，是一个具有企业董事会结构的联邦法定机构，其目的是增强全国对职业和技术教育培训的关注。ANTA 由联邦、州及领土中负责相关领域政策的部长们组成。

国防部队招募机构负责向有意加入澳大利亚国防军的公民提供就业指导和招聘信息。

家庭及社区服务部门则专注于提供各类社区服务，包括提供帮助残疾人就业的服务项目。

澳大利亚政府委员会作为最高级别的跨政府对话平台，其成员包括联邦总理、各州总理、各领地首席部长，以及澳大利亚地方政府协会的主席。该委员会的任务是发起、培育并指导具有全国影响的政策改革，并且这些改革措施通常需要得到澳大利亚各级政府的协作与支持。

四、澳大利亚职业生涯教育的参与者

澳大利亚的职业生涯教育不仅有面对面的教学形式，还在实践中建立了一个完善的职业教育网络。

国家职业生涯信息体系网（以下简称 NCIS）是一个专为澳大利亚民众构建的综合性在线平台，旨在支持生涯规划与信息服务。该平台是在联邦政府的支持下，联合各级政府及多方合作伙伴共同开发的。平台的初期建设资金由联邦政府提供，后期的运营维护成本则由联邦与州政府共同承担。该系统涵盖了教育培训资源、职业信息、本地劳动力市场需求，以及薪资数据等内容。此外，NCIS 还为用户提供了评估个人兴趣与技能的机会，帮助其更好地与潜在职业进行匹配。

澳大利亚计算机协会（The Australian Computer Society，以下简称 ACS）是由澳大利亚霍布森公司与澳大利亚教育服务共同创建的。霍布森是一个国际性的职业与教育出版商，专注于发行职业指导资料和优质大学指南。澳大利亚教育服务则是一个关键的国家级组织，主要为学校及学区提供课程支持。ACS 致力于推广在职业规划项目中的最佳实践，推动职业教育成为一个受认可的专业领域。

西澳大利亚州政府已推出了众多创新的生涯教育产品和服务，主要通过网络平台和多媒体渠道提供。例如，"获得网站"便是一个专门为寻求职业、就业机会和教育培训信息的当地居民设立的平台。该网站访问量可观，并且随着其不断优化，其影响力也在逐步扩大。目前，其已开发了超过 400 份详尽的职业档案和访谈资料。此外，项目团队正在尝试利用整合技术，推出由 8 个时长 30 分钟的电视节目组成的全新职业指导栏目。

五、澳大利亚职业生涯教育项目的组成及实施

1. 澳大利亚职业生涯教育项目的组成要素

职业生涯教育通过一系列项目促进学生在知识、技能及心态方面的全面发展，以使得他们在面临职业规划和进行其他重要人生决策时能够更加从容应对。这类全面的教育计划通常涵盖以下几个方面：

（1）自我意识活动（Self awareness）

自我意识活动帮助学生辨识自身的特性，包括身体特征、智力特征、情感特征、技能、兴趣和价值观，挖掘他们的个人属性与未来各种生活和职业场景中所需能力之间的关联。此外，它还鼓励学生评估那些可能影响其在不同生活和工作环境中学习效果的策略与条件。

（2）机遇意识活动（Opportunity awareness）

机遇意识活动鼓励学生通过调查、探索与亲身体验多种职业道路来拓宽视野。这类项目不仅涵盖不同工作环境下的实践

与研究，还为学生提供了考察多种职业及其所需教育背景与培训要求的机会。此外，学生们还会有机会剖析职业发展历程中的历史性变迁。

（3）决定学习（Decision learning）

决定学习是一种教导学生如何进行决策的活动。参与者将有机会探究他人做决策的方式，并了解影响个人决策过程的各种因素。同时，该活动能够帮助学生识别出适合自身的决策风格与方法，使他们制定出与自身职业发展相关的多种选择。

（4）过渡学习（Transition learning）

过渡学习是指学生为适应新环境而需掌握的认知与技能的提升过程，无论这些变化是否符合学生的期望。此类学习活动帮助学生认识到在其个人发展规划中可能产生的各种转变，无论是计划内还是计划外的生活或职业变动。通过研究他人面对变动时的应对策略，学生可以习得有效管理各种预期和非预期转变的能力，例如解决问题的技巧，以及识别并利用可求助的社会支持网络。

由此可见，一个综合性的职业生涯教育计划应当鼓励学生参与多种活动，以促进自我认知、职业了解、决策制定，以及人生转折点的管理能力。这将帮助学生做出合适的职业选择，并有效地应对生活中的各种变化。

2. 澳大利亚职业生涯教育项目的实施步骤

实施职业生涯教育项目也需要相应的策略。那些已经成功推行综合性职业生涯教育计划的学校建议采取以下几个步骤：

（1）在学校内部组建一个工作组，并且在最初阶段，邀请志愿者加入工作组。该工作组应包括来自不同主要利益相关方的代表，例如教师、管理人员、学生、家长、职业指导顾问。如果有可能，还可以包括职业教育与培训（VET）、工作

路径项目（the Jobs Pathway Programme）、生涯转变项目
（Career and Transition Programme）的协调者，以及负责地方社
区合作的联络人。此外，还可以邀请一位本地的企业家。

（2）构建生涯教育项目的核心理念。确保该项目能够贴
近学生实际需求，同时助力学校达成其发展目标，并且与现行
的教育制度要求相契合。这一理念也是未来教育及培训体系革
新所遵循的一项基本原则。

（3）启动生涯教育项目的推广工作，首先需要面向学校
团体进行，与此同时，应指定一名生涯教育项目的协调人负责
相关事务。此外，可以采用某种学生学习成果框架来评估学生
的学习情况，例如可以将澳大利亚的职业发展规划框架作为评
估工具。

（4）计划在中小学开展职业生涯学习教育。在学校采用
学生学习成效框架之后，校园已逐步开展职业生涯教育。学生
们正朝着职业生涯教育预期的目标迈进，在核心学科或是独立
项目中均有所体现。例如，在 1 至 10 年级的健康与体育课程
中，"促进个人发展"的理念贯穿始终，这一部分内容涵盖了
职业生涯教育的关键成果，包括自我认知的提升、交流技巧的
锻炼及适应变化能力的培养等。

（5）评估当前职业生涯教育实施过程中存在的差异与重
叠部分。开发特定的职业生涯教育计划，以保证所有学生都能
实现所选定框架中阐述的学习成效。

（6）参与执行职业生涯教育项目的教师要具备一定的职
业发展背景知识，并且要深刻理解学校职业生涯教育计划的
目标。

（7）与学生、家长及社区建立积极的沟通渠道，以确保
他们了解学校的职业生涯教育项目及其目标。这样做不仅能够

增强项目的透明度，同时也是提升学校形象的有效途径。此外，澳大利亚的职业发展蓝图也为改进职业生涯教育项目提供了有益的建议。

（8）构建指导、反思与评估机制。一个职业生涯教育的质量框架是评估学校职业生涯教育项目成效的有用工具。例如，P-12 生涯①与工作准备成效框架及澳大利亚职业发展蓝图都包含了评估职业生涯教育项目的概念和指导思想。

六、澳大利亚职业生涯教育项目的实践原则

实施职业生涯教育项目还需遵循若干基本原则，主要包括以下几个方面：

（1）职业生涯教育项目应当以学生为中心。这类项目是根据学生的实际需求设计的，鼓励学生积极参与，并且能够适应不同学生的学习风格和能力水平，同时也能满足有特殊需求的学生。

（2）职业生涯教育项目应当成为学校课程体系的核心组成部分。学校团队应将此类项目视为其整体教育计划的一部分，而非孤立于常规课程之外的补充内容。作为一个共同参与的过程，职业生涯教育应该是全校共同承担的责任，并不是附加活动。

（3）职业生涯教育项目应由学校的管理层推动。管理层应认识到职业生涯教育项目对于实现学校教育目标的重要性，并应在学校的管理规划及其他报告文件中体现该项目。此外，管理层还应承诺为项目提供充足的时间和资源支持，确保即使在人员变动的情况下，职业生涯教育项目也能持续进行。

————————

① P-12 生涯指的是个体从学前教育阶段到 12 年级（高中）阶段所经历的学习、成长、职业探索相关的连续发展过程，涵盖了这一阶段的学业规划、能力培养及生涯认知等方面。

（4）职业生涯教育项目应涵盖学校社区内的所有利益相关者，并且能够让校方及相关人员理解和承担责任并实施。这些利益相关者包括学生、家长、教师、行业代表、雇主、支持服务机构、导师、社区组织及教育与培训机构等。

（5）职业生涯教育项目应提供最新、准确且易于被用户获取的生涯信息。这些信息包括设在校园资料室或图书馆内的职业生涯教育专区、学校网站或通讯公告、校内学生电子邮件网络、邀请的嘉宾演讲、就业市场资讯、展览会、校园开放日等。

（6）参与职业生涯教育项目的教师能够访问多种可靠的、最新的、用户友好的课程资源，以满足不同学生的学习和发展需求。

（7）参与学校职业生涯教育项目的人员应当接受适当的培训。职业生涯发展具有复杂性，且学校能够为学生提供多样的职业发展路径，因此，提供职业咨询服务的人员应具备正式的职业发展和咨询资格，并处于有效的监督之下。

（8）为了保证生涯教育的全面性并减少课程内容在不同年级间的重复，需要对生涯教育进行统筹规划。高校可以借鉴类似澳大利亚生涯发展蓝图或者 P-12 生涯与工作准备效能框架的结构化指导方案，设计生涯教育流程。此外，监控与评估是生涯教育计划不可或缺的部分，它们能够确保该计划符合学生及其他相关方的需求，并且支持学校总体目标的实现。

七、澳大利亚大学职业生涯教育的实施

每所学校作为独立实体，负责自行决定是否为在校学生提供职业发展指导。实际上，尽管这些学校都会提供某种形式的职业服务，但这些服务的具体职能及资源各有差异。部分学校的职业服务独立运作，其他学校则可能将其与心理健康咨询等项目相结合。随着高校经济压力的日益增加，用于这些服务的资金有所缩减，促使校方寻求成本更低、效益更高的服务交付方式。为此，许多学校已搭建在线平台，采用数字化形式向学生提供服务。此外，某些学校还面向非学生群体提供有偿职业服务支持。

澳大利亚的一些大学已经引入了计入学分的生涯管理课程，例如皇家墨尔本理工大学、莫道克大学、伊迪斯·科文大学等。但是，还有一些大学却开设了较短周期的非学分课程。不少院校已经在与学术课程相关的学生发展中采纳了一种类似于档案的体系，这一做法与中小学的做法相呼应。该体系不仅要求学生记录他们的学习内容，还鼓励他们记录通过学习获得的工作相关技能。为了支持这一过程，学校可以在班级层面利用截图或电子材料来辅助记录。生涯服务机构在这些计划的开发与执行过程中扮演了重要角色。

澳大利亚毕业生生涯协会（The Graduate Careers Council of Australia）专注于向大学提供生涯规划服务，其中包括信息资源的支持。该协会还负责执行一项由联邦政府资助的年度毕业生去向调查。这些调查结果不仅对职业指导具有价值，而且被一些大学用来评估课程发展，这进一步提升了制度框架内生涯服务的重要性。"起作用的职业"（Careers That Work）是皇家墨尔本理工大学在维多利亚州提供的生涯管理和就业能力课程的一部分，该课程通过背景课程（Context Curriculum）进行教学。背景课程共计 4 学分，这是皇家墨尔本理工大学为了促使所有大学生参与跨学科选修学习而采取的一项措施。"起作用的职业"这门课程通过一个为期 13 周的密集项目进行，该项目由皇家墨尔本理工大学提供，不仅在澳大利亚开展，也在马来西亚和新加坡实施。

"起作用的职业"这门课程促进学生对自己及各种职业的认知与理解，指导他们学会如何分析、规划并实施职业决策，同时管理好职业生涯中的变动。在该课程中，学生将探索 21 世纪职场的特点，评估劳动市场的趋势变化，认识影响职业发展的历史和社会因素，并掌握相关的工作与法律理论。学生将基于自身的价值观、兴趣和能力，制定个人职业发展计划，并将其明确为实现职业目标所需进一步了解的信息。此外，该课程还将培养学生求职所需的各项技能，如制作简历、教授面试技巧、构建社交网络等。皇家墨尔本理工大学的职业生涯课程取得了成功，这也促使其他大学，例如莫道克大学，引入了职业生涯课程。

第四节　德国高校职业生涯规划教育基本情况

一、德国职业生涯教育的理念

德国高校中的职业发展教育借鉴了舒伯的职业生涯发展理论，秉承"以人为本"理念，强调个人责任与社会协调发展，推行灵活多样的职业指导模式。其核心观点是，仅仅提供就业机会只能解决失业问题，而有效的生涯辅导能够增强学生的职涯决策能力，促使他们热爱自己的工作，从而促进个人与社会的和谐共生。

二、德国职业生涯教育的目标

德国高校在职业生涯管理和咨询工作中，致力于为每位年轻人提供与其能力和职业方向相匹配的教育及职业规划服务。其主要目标涵盖以下几点：有效对接人力资源开发与劳动力市场需求；缓解失业状况；降低国家在失业救济和社会福利方面的支出；拓宽社会弱势群体的培训及就业渠道；保障男女劳动者在劳动力市场中的平等地位；强化劳动力市场参与者的个人责任感；促进雇主与雇员间的良好合作；提升在职人员及新入职人员的综合素养，减少未经正规培训人员的比例；增强青年群体的职业选择能力和自我展示技巧；推进并完善德国的终身教育体系。

三、德国职业生涯教育的制度体系

1. 法律保障制度

根据德国的联邦法律，职业生涯指导和工作环境认知是学校教育的关键内容。大学在为学生提供学术指导的同时，也需给予职业发展支持。学校的心理顾问、职业导师及教师均肩负着帮助学生进行职业规划的责任。此外，联邦层面的就业服务机构通过下属分支机构为求职者提供职业建议。依据《联邦社会救助法》与《儿童与青少年救助法》，各州的社会福利部门提供相应的职业和社会支持。各州政府还会赞助或组织地方性的培训与终身学习咨询项目，提供当地教育与培训的信息和服务。同时，私立学校、行业协会、私营职业咨询公司及人力资源管理顾问等私立机构和个人，也会适时提供相关支持与服务。

2. 资金来源保障体系

德国就业办公室的运作资金由联邦就业服务部门提供，该部门的资金主要来源于企业和在职人员的缴纳。就业办公室向公众提供免费的职业咨询服务，包括免费参与职业指导活动，以及免费获取相关文档、宣传册、多媒体资料等资源。此外，各联邦州在教育预算范围内，支持本地学校开展职业规划教育，并依据各州公务员薪金制度确定职业指导人员的薪酬。

3. 质量保障体系

德国联邦就业服务部门的职业指导服务品质，受到多方面严格监管。在联邦层面，监察机构及位于纽伦堡的中央管理单位负责监督；各地就业办事处及其管理部门也承担着相应的监督职责。为了确保服务质量，相关部门运用了多种评估工具，如信息化管理系统、开展满意度调研及实施员工技能发展计划，并定期进行年度评估。与此同时，政府十分重视专业人才培养，不同级别的劳动局均设立内部培训机构，通过持续教育不断提升职业顾问的专业能力。在德国的职业生涯教育体系中，学校采取了一种从基础教育到高等教育的全程职业引导模式。在小学阶段，学校会举办职业日活动，邀请来自不同行业的人士分享他们的工作经验，以此激发孩子们对未来职业的兴趣。进入初中后，学校帮助学生进行自我探索，帮助他们识别个人优势和职业倾向，并根据学术表现指导学生选择合适的中学类型。对于选择双轨制教育的学生，在即将完成基础课程时，学校会提供专业指导，促进其更好地结合理论学习与实践操作。高中阶段则更注重实际工作经验的积累，学校会组织实习和其他职业体验活动，加深学生对职场的认识。到了高等教育阶段，学院会安排实习机会，使学生能够获取实践经验，为未来职业生涯做好准备。①

第五节　英国高校职业生涯规划教育基本情况

尽管英国的高校在历史上早已涉足职业生涯教育领域，但在 20 世纪 80 年代之前，职业生涯教育并未被人们重视。《哈里斯报告》（*The Harris Report*）曾指出，职业生涯教育在高等教育体系中常常被边缘化，是一个不起眼的角色。然而，自

---

① 黄露. 我国大学生职业生涯教育探析［D］. 青岛：青岛大学，2012.

20 世纪 80 年代起，这一状况开始发生根本性的转变。1987 年，英国政府推出了高等教育创业计划（Enterprise in Higher Education Initiative），强调只有将职业生涯教育融入正式的教学大纲中，才能充分发挥其效能，比如通过增设创业和职业导向的课程，强化大学在学生职业生涯规划中的核心作用。这一举措推动了职业生涯教育与高等教育的紧密结合，使职业生涯教育逐渐成为英国高等教育系统中的一个重要组成部分。①

进入 90 年代，随着全球化、技术革命，以及知识经济等的涌现，英国政府为了顺应这些变化，在推行职业生涯教育时进行了多项尝试与革新。这些努力主要集中在两个关键领域。

一、提高职业生涯教育的质量

随着时代的不断进步，劳动力市场对技能的需求也在不断提升，单纯追求数量而忽视质量的职业生涯教育已不能满足实际需要。因此，如何提升职业生涯教育的质量成为亟待解决的问题。

1993 年，英国政府通过的私有化改革中就有将职业生涯服务部门进行私有化。具体来说，这项改革是将职业生涯服务部门从公共部门转移到私营部门，由私营公司来提供相关的服务和管理。

随着社会进步，大学生面临的就业市场日益多样化，这对职业生涯服务提出了更高要求。过度依赖政府导致职业生涯教育缺乏灵活性。例如，在 1995 年，英国合并了原教育部与就业部，成立了"教育与就业部"（Department for Education and Employment，DfEE），并决定将职业生涯服务从公共部门转移

---

① 刘青青. 20 世纪 90 年代以来英国高校职业生涯教育实施路径研究［D］. 福州：福建师范大学，2022.

至私营部门。为了保证服务质量，政府支持了这一私有化进程，同时强调应侧重于提高高校的就业生涯服务，并致力于增强学生的就业竞争力。此外，英国新建的高校已将职业指导融入日常教学之中，从而提升学校职业生涯辅导的重要性。2001年，根据迪林报告的建议，高等教育质量保障局（QAA）开始将职业生涯教育纳入高等教育体系，以培养能够适应多元化劳动市场的毕业生。2018年英国教育部颁布《职业生涯战略：充分发挥每个人的技能和才华》，希望打造一个欣欣向荣的职业生涯体系，打破、消除当下阻碍许多人发展的限制或障碍，让年轻人获得生活和工作所需的技能。

2005年，英格兰高等教育拨款委员会（HEFCE）启动了一项计划，在2005年至2010年间共花费3.15亿英镑推行"卓越教学中心计划"。该计划预计将创建74个卓越教学中心。此举显著提升了大学职业生涯教育的教学效果，并通过相关政策支持，确保了英国高校职业生涯教育的质量达到前所未有的水平。

二、重视毕业生通用技能培养

传统观念认为职业生涯教育的主要目的是帮助个人找到工作，因此其任务和使命相对单一，但随着劳动力市场及产业结构的变化，毕业生面临的就业领域变得更加广泛，就业模式与选择也日益多样化。与此同时，市场对劳动者技能的需求也在转变，数字技能、团队合作能力，以及人际沟通技巧等通用技能正变得越发重要。

在此情况下，仅专注于专业技能培训的传统职业生涯教育已不足以应对劳动力市场中的结构性失业问题。因此，职业生涯教育逐渐转向对通用技能的培育，从而丰富了其教育内涵。作为回应，英国政府自20世纪80年代起引入了国家职业资格

（NVQ）和普通国家职业资格（GNVQ），旨在评估个人在交流、信息管理、数字运用、团队协作、问题解决及个人发展等方面的能力。同时，这些认证也涵盖了诸如沟通、基础数学应用、信息技术、多语言、问题解决策略、人际关系技巧等范畴。此外，英国高等教育协会强调，在职业生涯教育中应当关注的关键因素包括自信、灵活性、实践经验、团队精神、道德品质、价值观念、创新与创业意识、职业规划与管理能力，以及反思与沟通技巧。

21世纪以来，英国连续颁布提升国民技能水平的政策，比如，2003年英国综合性的技能人才培养战略——《21世纪的技能：实现我们的潜能》；2005年的《14—19岁教育和技能白皮书》。英国始终把技能人才培养看作是促进经济繁荣、保证社会公平正义、促进可持续发展的重要手段。

第七章　我国高校职业生涯规划教育的优化路径

第一节　设立专门机构

为了适应不断深化的招生与分配制度，大学生对于职业生涯规划的关注度日益增加。因此，高校需要依据社会发展需求完善人才培养方式。构建完整的职业生涯教育体系是实施全方位职业生涯规划教育的关键。大学应当深刻理解职业生涯规划教育的价值，并建立专门的指导部门（如大学生职业生涯规划教育中心），强化高校在职业生涯规划教育方面的领导与组织职能，同时推进相关制度的建设。此外，还应该努力构建一个融合教育、管理和支持功能的职业指导服务平台，以为学生提供多样化的服务。

一、组织机构

高校建立完善的职业生涯规划组织机构势在必行。高校应当组建专注于大学生职业生涯规划教育的研究与推广部门，由校级正职领导主管，副职领导直接管理，并联合教务处、团委及学生工作处等部门协同作业，实现全校教职工的共同参与，有效实施职业生涯规划教育活动。此外，现有各高校内的大学生就业与创业指导部门，应当依据职业生涯规划教育的需求进行相应的职能调整与扩展，转型为专业化的职业生涯规划与发展指导机构，从而更有效地履行为大学生职业生涯提供支持和服务的责任。与此同时，积极推动院系层面设立职业生涯规划教育辅导中心，进一步落实此项工作。

在吸收国外高校机构设置先进经验的同时，可以结合我国高校的具体情况，参照相关模式来构建我国高校职业生涯规划教育的组织架构。

二、经费投入与硬件建设

高校应设立专项基金支持职业生涯规划教育，增加对这一领域的投资以保障各项活动的有效实施。这意味着，负责职业生涯规划教育的部门应该拥有稳定的工作场所、多样化的资源、齐全的教学设备，以及充足的资金支持，并且要提供全面的服务内容，包括但不限于职业生涯规划指导与咨询服务、职业能力测评工具、就业信息的发布与检索功能、职业中介服务，以及资料收集与分发，同时还应提供涵盖心理辅导在内的多项综合性服务。此外，还应持续优化并提供各类实习机会，加强与校友及其他社会人士的联络，鼓励学生积极参与职业生涯规划指导。

第二节　建立专业化的职业生涯规划教育指导队伍

构建一支专业的职业生涯规划教育指导团队，是高校确保职业生涯规划教育质量的有效途径。

一、构建多层次的职业生涯规划指导队伍

首先，高校应定期为所有思想政治辅导员提供职业生涯规划教育的培训，确保他们在日常工作中能够向学生传授职业生涯规划的知识。其次，高校可以让具备人力资源管理专业知识的教师兼职指导，通过日常教学强化学生的职业生涯规划意识，并给予其具体的规划指导。此外，还可以引入校外资源，如邀请企业人力资源部门的资深经理或专业职业咨询机构的高级顾问为学生举办专题讲座。构建多层级的指导团队，能够满足处于不同学习阶段学生的多样化需求，并针对学生在职业生涯各阶段的特点提供相应的教育支持。

二、打造综合素质过硬的指导员队伍

职业生涯规划教育的指导教师需朝着专业化、职业化及专家化的方向发展，这是推动职业生涯规划教育科学化、规范化与专业化的重要环节，也是其发展的必然趋势。因此，高校有必要建立并培养一支综合能力突出的职业生涯规划指导团队，以满足学生在职业生涯规划方面的需求。一名合格的职业生涯规划教师，首先应当拥有良好的思想政治素养、积极的进取精神、强烈的职业责任感和使命感；其次，他们需要关心学生，愿意无私奉献。此外，他们还要具备扎实的业务能力，能够熟练利用专业知识为学生提供包括职业评估、职业心理辅导及职业导向在内的多种服务，从而有效地帮助学生解决在职业生涯规划过程中所面临的实际问题。

三、加大指导员队伍的培训力度

高校可以采用多种形式，定期组织职业生涯规划指导教师参加培训与交流活动，比如海外研修、国内集训、实地考察、与其他高校合作举办的经验分享会等。一方面，可以通过邀请社会上或企业界具有高学历或丰富经验的优秀职业生涯规划专家来授课，分享前沿的职业生涯规划技巧与理论知识；另一方面，学校也可以自行组织校内或校际职业生涯规划工作人员研讨会，相互学习，提升工作效率。这不仅有助于提升教师们的专业水平，还能增强各校人员之间的相互了解与协作能力。

四、引入绩效考核理念

高校的职业生涯规划教育是一项包含具体衡量标准的任务。为此，学校应当制定相应的职业生涯规划教育考核体系，实施由学校统一领导与管理的机制，并将责任明确到个人，确立具体的考核指标。建立这种科学且全面的制度框架，能够促使各级指导机构在制度规范内有序且严谨地推进各项工作，激发工作人员的积极性与主动性，显著提升他们的工作效率。

第三节　推进全覆盖的职业生涯教育网络信息服务

一、建立职业生涯规划资料室

高校职业生涯规划教育指导中心应设置专门的职业生涯规划资料室，收集国内外职业生涯规划教育的理论书籍、期刊、多媒体资料（包括录像带、光盘、电子刊物等多类型资源），以及来自企业和事业单位的职业信息与人才需求情况。该中心可以通过定期发布资讯、开设电子阅览室等多种方式，将这些信息传递给每一位学生，增强学生的生涯规划意识，帮助他们明确职业目标，并尽早地规划自己的职业生涯，从而为未来的职业发展奠定坚实的基础。

二、加快网络化进程

高校职业生涯规划教育指导中心可通过专门建立的职业生涯规划教育网站，系统性地展示职业生涯规划的核心内容，以增强大学生的职业生涯规划意识。该网站可以开设网络课程、在线咨询、视频教程、招聘信息和职业测评等多个栏目，构建一个全面的线上职业生涯教育平台。平台将优质的职业生涯教育课程上传至网络，实现线上教学；同时，为学生提供个性化的在线职业测评及咨询服务，及时了解并解决学生在求职及职业发展中遇到的问题与困惑，深入理解学生的思考与需求。利用网络上高效且全面的信息资源，平台可以持续提升职业生涯规划教育的质量和效果，完善职业生涯教育工作。

总之，服务网络化是职业生涯规划教育发展的重要趋势。职业生涯规划的专业人员可以借助长期积累的研究和服务成果，结合传统的面对面服务模式，开发多样化的网络服务项目，以此来提高职业生涯规划教育服务的质量与效率。在信息化时代的背景下，高校应当积极促进职业生涯规划教育服务的网络化进程，营造数字化的工作环境，并探索适应高校职业生涯规划教育需求的网络化服务新模式。

第四节　提供全程化、个性化的职业生涯规划教育服务

一、开展全程化的职业生涯规划教育服务

高校职业生涯规划教育应当贯穿学生的整个大学学习阶段，并构建一个全程化的职业生涯规划教育体系。依据职业生涯发展理论，并结合大学生的实际情况与教育需求，可将大学期间的职业生涯规划教育划分为以下几个阶段：

大学一年级新生踏入大学校园时，他们正处在从高中生向大学生的身份转变中，对周围的一切都充满好奇，对自己的定位也还不十分清晰，对于即将学习的专业的认识不足。因此，在这一适应阶段，大学生的主要任务在于自我探索和专业认知。自我探索不仅是适应大学生活的关键环节，也是在长期的学习过程中，通过不断地反思与自我评估来逐步发现自己、理解自己和发展自己的过程。在这个过程中，学生们可以发掘自身的兴趣所在，锻炼多方面的能力，从而成为一个具备高素

质、多知识、强能力的全面发展的人才。

　　到了大学二年级，学生逐渐脱去稚气，对大学环境、专业知识、教学模式已经有了较为深入的理解，他们的心理状态也在逐渐走向成熟。这一阶段，学生们应当着手规划未来的职业生涯，利用所学的专业知识，对专业课程设置和人才培养目标有大致的理解。通过参加就业指导课程、校园讲座及社会实践活动，他们可以初步接触职场动态和社会现实，了解与专业相关的行业分类、职位分布、发展前景及市场需求等，从而对未来的职业选择和生涯规划形成一定的认识，并据此制定有针对性的学习计划。

　　进入大学三年级后，学生的学业负担通常有所减轻，可自由支配的时间增多，在完成了职业规划后，学生们可以根据个人的职业理想和发展计划开展初步的社会实践。在这一学年里，学生的核心目标是在社会实践中不断积累经验，提升综合能力，同时加深对目标职业领域的理解和认识，为未来的职业选择奠定坚实的基础。此外，通过筛选和处理职业信息的过程，学生们还能增强获取和管理职业信息的能力，在实际操作中不断提高其职业适应性和调适能力，以及学会如何在工作与生活之间保持平衡。

　　经过前三年的自我认知、准备及技能提升之后，进入大学四年级的学生便步入了职业生涯规划的实际操作阶段。此时的学生在心理和生理上更加成熟，并且已经具备了一定的社会实践经验，可以正式开启职业规划的应用阶段。在此期间，他们需要更深入地调查各类就业信息，积极参与由学校举办的各类职业规划研讨会，掌握各种求职技巧，同时大学生应与导师和家人保持紧密的交流，有效地运用各种资源来发展自己的职业。在这个阶段，学生们应当基于自身的实际情况，制定具体的生涯规划。他们需评估并决定毕业后的发展路径，比如继续攻读研究生、出国留学、直接就业等，并着手准备，力求全面提升自己的各项技能。在进行职业规划的同时，学生还应根据现实情况灵活调整规划，一旦发现原有计划与个人实际不符时，应及时修正，以此培养自己在求职过程中的适应能力和职业转换能力。

二、注重个性化的职业生涯规划教育服务

个性化教育注重在识别与尊重学习者独特个性及提供有利环境的前提下，促进其体能、智力、实践能力、道德品质、情感意志等方面的全面发展，从而塑造出优秀的个人特质。职业生涯规划教育的目标在于引导学生运用所学知识，在专业导师的帮助下，深入了解自身的特性，并据此制定契合个人特点的职业路径。随着大学生群体的个性化趋势日益显著，他们在职业选择、目标设定、求职技能及职业规划方面呈现出多样化的需求。为满足这一群体的需求，必须采取更具针对性的咨询方式，帮助学生客观地认知自我，明确职业规划中的影响因素，并科学合理地规划自己的职业生涯。

（1）帮助学生树立个性化的职业生涯目标

职业生涯规划教育需适应个体差异，在学生群体中普及，激发学生的职业兴趣。同时，教育需要通过多样化的方法评估学生的职业倾向和个人价值观，并进行全面的职业能力评估，以剖析其性格、才能与职业选择之间的联系。这样的指导有助于学生增强自我认知及自我评估的能力，确立实际可行的人生目标，并及早着手规划个人的职业道路。通过这一过程，学生可以依据自身的独特属性来准确衡量自己的能力，保持积极的心态，从而实现职业抱负。学生所设定的职业目标应与市场需求和个人实力匹配，这将有助于增强学生的自信心，并使其在求职过程中占据有利位置。此外，职业生涯规划教育还应强调避免盲目跟风的重要性。

（2）提供个性化的职业咨询服务

每个人的职业生涯目标与规划应当是个性化的。高校应通过多种方式对大学生的职业能力和心理素质进行评估，并提供个性化的咨询服务，以提出具体的职业发展建议。对于接受个性化咨询的学生，高校应为其建立详细的个人档案，并持续跟进服务效果。同时，利用短信、即时通信工具等现代通信手段，学校可以迅速有效地将就业信息传达给每一位学生，并根据学生的具体情况推送定制化信息。在指导学生进行职业生涯规划时，应当注重发挥学生的个人优势，遵循"择己所爱，择己所能，择世所需，择己所利"四大原则，进行合理的职业定位，这是职业规划中的关键环节和基石。

第五节　搭建市场化的职业生涯教育平台

国际高校在进行职业生涯规划教育时，不仅依赖高校的职业指导服务机构提供咨询和辅导，还特别强调与社会的协作。高校通常采用"走出去"与"引进来"的策略，既鼓励学生参与社会实践和实习，同时又邀请行业专家进校开展讲座或指导，以此来丰富学生的职业规划经验，帮助他们更准确地制定个人职业路径。

一、注重同社会的合作

高校应重视与社会及企业间的协作，共同创建大学生就业实习平台，并推行具有实用性的职业生涯规划教育。在美国，许多名校与企业保持着紧密的联系，高校通过安排实习和实践活动来提升学生的实际操作能力和社会适应力，同时也为企业和学生提供了双向选择的机会。在英国，高校通过提供志愿服务为学生制造实习机会。此外，英国的高等教育创新基金支持高等教育机构与企业间的互动交流项目，包括设立知识技能交换中心，进一步拉近了教育与实际工作的距离。

在紧密结合基础学位教育的同时，通过高校与企业、社会共同建立的大学生就业实践平台，学生能够在接近真实的职场环境中获取宝贵的经验。这种方式不仅能让学生意识到自己掌握的专业技能与市场需求之间的差距，而且能帮助他们更好地认知自我和认知社会，从而有效地规划自己的职业道路。

二、开设企业家论坛或讲座

高校职业生涯规划教育部门应主动构建交流平台，在增强外部合作的同时，邀请知名企业家到学校开展讲座。创建"企业家讲坛"等活动，定期举行讲座与研讨会，并考虑聘任跨国公司的高层管理者或人力资源主管，让他们担任学校的名誉教授、顾问或指导教师，专门为学生设计符合社会及企业人才需求的职业规划课程。此外，还可以组织学生与企业之间的互动交流活动，使学生在学习理论知识时，也能深入了解企业对毕业生的具体要求。

三、开展社会实践活动

实施社会实践活动并合理运用社会资源，是高校推动学生职业规划教育的关键策略。学校应当整合课程内的实习、考察学习等各类资源，激励并指导学生投身于与职业相关活动，以此提供必需的职业技能培养平台。这不仅有助于提升学生的实际操作能力，还能帮助他们在实践中积累经验，为未来的职业道路打下坚实的基础。形式多样的社会实践活动不仅能拓宽学生的视野，促进其综合素质的发展，强化专业知识和技能的应用，还能让学生提前了解社会环境，帮助他们清晰地确立职业目标，增强专业素养和职业适应力，从而更好地支持其个人职业成长。此外，积极组织学生参与假期的社会服务、志愿工作、创新创业竞赛、市场营销策划竞赛、职业规划比赛，以及专业领域体验等活动，学生可以在实践中深入认识自我，通过反思实践经历来理解职业规划的重要性，并据此制定更加符合自身特点的职业蓝图。学生通过职业规划合理安排在校时间，认清个人优势与不足，持续提升自我。

第六节　设置科学合理的大学生职业生涯规划教育课程体系

将职业生涯教育课程纳入高校教育体系，将其作为职业规划教育的核心组成部分，能够充分发挥高校多学科交叉融合的优势。设立涵盖职业规划理论、实践操作及综合素质培养等在内的多样化课程，可以帮助学生理解和掌握职业规划的基本知识及其对个人职业发展的影响。此外，高校还应积极与社会上的企业和事业单位合作，联手培育符合社会需求的人才。具体来说，高校可以通过开展自我认知教育、注重职业生涯规划意识教育、培养学生的职业抉择能力和培养学生的创业能力等方式来设计职业生涯教育课程。

一、开展自我认知教育

自我认知是职业生涯规划教育的基础。高校在开展自我认知教育的过程中，首先需要引导学生深入认识自己，理解自身的特质，发掘内在潜力，并清晰地认识到当前状态与未来职业目标之间的差距，从而激发个人潜能，促进自我完善与发展。借助学校的课程教育，学生可以更好地理解自己的个性特征、兴趣爱好、能力水平及职业价值取向，以此来提高自己在职业规划与发展中的主动意识和科学依据。

二、注重职业生涯规划意识教育

培养大学生的职业生涯规划意识是推动职业生涯规划教育见效的关键内驱力，同时也是高校开展此类教育的前提条件，对于提升高校的人才培养质量至关重要。大学生是职业生涯规划意识教育的主体，唯有激发他们的内在需求，才能确保教育效果。因此，高校的职业生涯规划教育应当使学生熟悉基本的规划理论与知识，理解现代职业的特点及其发展方向，掌握规划的原则、要素及实施步骤和方法，并明确实现职业目标的路径。通过系统的学习，学生能够深化对职业生涯规划的理解，进而强化自身的规划意识。

三、培养学生的职业抉择能力

在职业生涯规划教育中，职业选择扮演着至关重要的角色。这一过程涵盖了多个方面的规划与决策，可以帮助学生掌握如何挑选合适的职业类型、路径、目标、实施策略等。通过这样的教育，学生可以认识到他们面临的生活中的多种选择，并理解这些选择与社会发展及职业需求之间的关系。此外，它还能引导学生评估不同选项的优缺点，以便做出最优决定。当学生进行各类决策时，这种教育能帮助他们准确地找出问题核心，学会搜集信息并运用资源来制定个人的职业规划，从而提升他们的决策能力。这些技能对大学生顺利就业和选择职业方向至关重要，也为他们未来的职业成功奠定了坚实的基础。

四、培养学生的创业能力

创业教育是素质教育的一个重要组成部分，旨在培养学生的创新精神。随着知识经济时代的到来，创业已成为当代大学生职业发展的一种选择。高等教育的一项重要任务便是培养具备高素质的创业人才。如今，越来越多的大学生投身于自主创业，这不仅对其个人成长具有重要意义，同时也会对社会经济发展产生深远的影响。在高校开展的职业生涯规划教育中，应当将创业教育视为一个关键环节，引导学生突破传统的就业观念。把重点放在培养学生的创业能力和市场适应能力，同时强化他们的创业意识、提升他们的心理素质、丰富他们的创业知识，激发他们勇于探索的精神。这样的教育，使学生能够意识到创业的价值及其可行性，激励一部分学生将创业视为自己的职业选择。

第七节　加强完备的大学生职业生涯测评体系建设

研究显示，大学生在认识自身兴趣、特长、能力与价值取向时往往带有不确定性和一定的模糊性。单凭个人见解难以全面把握自我，因此有必要利用心理测量等手段，借助科学评估工具增强个人自我认知的准确性。除了使用这些评估方法外，还应该有专业人士提供指导，确保评估结果的科学性、客观性和公平性。因此，高校应当构建一个涵盖多个层面、拥有广泛角度且按阶段推进的职业规划教育评价系统，以便定期评估学生的生涯规划及其职业发展情况。

职业评估作为心理评估的一个分支，为大学生提供了认识自我、理解自身特质的有效方式。本质上，职业评估是运用科学方法来洞察个人与职业相关心理特征的过程。它通过对诸如技能水平、性格特征等基础心理要素的测量与分析，帮助个体识别其兴趣、爱好、优势，并结合不同职业的要求，支持个体做出更为科学合理的职业选择，这一过程遵循了"人—职匹配"的原则。通常而言，职业评估可以分为几种主要类型：

职业价值观测验、职业能力测验、职业兴趣测验、职业人格测验。

一、运用职业价值观测验，帮助大学生认清现实

个人在选择职业时所秉持的抱负和理念可以被称为职业价值观，它反映了个人通过工作所追求的核心价值，例如能够充分发挥个人才能、契合个人的兴趣与爱好、能获得高收入等。理解自身的职业价值观，能够帮助个体明确内心真正的渴望与目标，这是大学生进行实际自我审视的关键部分，也是制定良好职业规划的重要基石。近年来，在价值观的测量方面出现了一些转变，测量的重点已经从广泛的调查逐渐转移到了与职业咨询相关的工作动机评估上。不过，在许多用于评估职业选择和工作满意度的工具中依然保留了"价值观"这一概念。

二、运用职业能力测验，帮助大学生自我肯定

在探讨职业选择与个人特质之间的关联时，能力是一个关键因素。职业效能直接受个人职业技能的影响，而这些技能是可以通过后天的学习和实践得以提升的。在能力评估范畴内，存在专门针对特定能力和综合多种能力的测试方法。借助职业能力倾向评估，可以帮助在校大学生识别他们在某一专业领域的潜在才能，从而对其在该领域内的发展潜力做出重要判断，并为他们制定合理的职业规划提供精确指导。

三、运用职业兴趣测验，帮助大学生自我审查

职业兴趣体现了个人爱好与职业特性之间错综复杂的心理互动，构成了大学生进行职业选择的基础。为了测评人们的职业兴趣，通常采用霍兰德的职业兴趣量表和斯特朗的职业兴趣量表等工具。霍兰德职业兴趣量表旨在协助个体识别其职业兴趣及技能优势，以促进更明智的职业决策和个人定位。此量表定义了六大职业倾向：实际型、调研型、艺术型、社会型、企

业型和传统型。斯特朗职业兴趣量表涉及人们对职业、学术科目、娱乐活动、职业活动和不同类型人的偏好的题目，包括317个题目，分为135个职业名称、39个学校科目、46个一般职业活动、29个娱乐活动或爱好、20类人、30对活动、12种个性特点，以及6对观念、数据和事物等8个部分。

四、运用职业人格测验，帮助大学生自我评估

进行职业生涯规划时，大学生需要先理解和认识自我。心理测量领域提供了多种工具以帮助个人评估自身特性，数量之多可能超过千种。对于高等教育阶段的学生而言，有几种性格测评工具尤为适用：首先是卡特尔研制的16种人格因素问卷，它能够提供个体在16种个性因素上的得分，从而帮助学生获得一个较为完整的个人性格轮廓；其次是艾森克个性问卷（EPQ），该问卷关注内外倾性、情绪稳定性和精神质倾向，并且分别设计了适用于成年和青少年的版本，其可靠性和有效性得到了人们的广泛认可；最后，罗伯特·麦克雷和保罗·科斯特使用因素分析得到了一个更简单的人格五因素模型，涵盖神经质、外向性、开放性、亲和性、尽责性这五个维度，该模型支持自我评估与他人观察两种评定方式，在性格测评中占据重要地位。

第八节　发挥思政作用，营造大学生职业生涯规划良好氛围

一、构建大学生职业生涯规划"联合培养"模式

高校需精确把握当前社会状况，确保人才培养方向正确。社会环境由精神文化和物质条件共同组成，其中既包含了对大学生思想教育的要素，也蕴藏着职业规划指导的关键线索。随

着物质条件的变化，职业格局也在不断演变，这些变化趋势为大学生的职业生涯规划提供了必要的参考信息。同时，精神文化层面的因素，如政策导向、主流文化、价值观念等，也会影响学生的生涯选择和发展路径。因此，只有准确把握社会的发展脉络，才能确保人才培养的方向正确，帮助学生制定合理的职业规划，使其成长为契合国家需求、推动社会进步的高质量人才，成为勇于担当社会责任、积极推动社会发展的有用之才。

为了精准把握社会环境的现状及其未来走向，高校需要充分利用各种资源。首先，应该增强与政府部门的沟通协作，以便及时获取并准确理解相关政策动态，争取政府的支持与协助，为大学生的职业规划提供更多资源和支持。其次，组建专门的研究团队，收集整合相关信息，构建服务于大学生职业规划指导的数据平台。此外，深化学校与企业的合作，推动学术研究、技术创新与产业实践的紧密结合，建立大学生社会实践基地，加强与各类社会组织的合作，构建大学生职业生涯发展的"协同培养"机制。同时，鼓励学生积极参与社会实践，在真实工作场景中深化对社会的认知、对职业的理解及对自己的认识，从而更加科学合理地规划职业生涯。

鉴于社会环境的动态性与复杂性，学校应合理利用积极因素，避开消极因素。当前，我国正处于制度革新与观念更新的重要阶段，随着改革开放的不断深化，人们的生活质量和物质条件显著提升了，社会价值观也在多元化发展。因此，在开展大学生职业规划指导工作时，为了使学生的职业规划更加符合社会发展实际，引导其树立正确价值观，实现健康成长，需主动排除可能干扰学生科学规划职业生涯的不利社会因素。

二、搭建家校联结，建立大学生职业生涯规划"家校合作制"

学生的个体差异在很大程度上源于不同的家庭环境。学校积极构建与家庭之间的联系，不仅有助于深入了解学生的成长经历和家庭环境，精准分析其个性特点，还能通过加强与家长的沟通合作，充分发挥家长在大学生职业规划指导中的独特作用，进而建立起一套"家庭—学校"协同的职业规划机制。

通过建立家校合作机制，家庭与学校的资源能有效地整合到大学生的思想政治教育及职业规划指导中。然而，为了确保这种合作模式能发挥出预期作用，学校需要加强对家长的指导与培训，帮助家长掌握科学的方法，使其能够凭借自身的人生经验，在大学生确立职业价值观、做出职业选择、设定生涯目标，以及制定生涯规划等方面发挥积极作用。同时，还应该引导家长对孩子抱有合理的期望值，因为家长的期望会影响大学生对未来发展方向的选择，合理的期望有助于学生更好地认识自我与职业环境，从而进行科学合理的职业生涯规划。

那么，如何实现这样的家校合作呢？其关键在于充分发挥辅导员、班主任及授课教师的优势，并建立相应的规章制度，保障思想政治工作人员与学生家长之间能够定期且有效地交流。此外，还可以通过建立学生成长档案，记录学生的成长过程与取得的成绩，分析其能力和特长，以此为依据，为家校合作提供数据支持，从而提升大学生职业生涯规划指导的准确性与针对性。

三、优化校园环境，形成大学生职业生涯规划"常态化"运行机制

1. 优化校园物质环境

（1）提升校园风貌：精心设计与布局校园内外部环境、

建筑物及道路，使每一处都成为展示学校文化理念的窗口。美观的设计、独特的构思及优雅的装饰，既能满足师生日常学习与生活的功能需求，又能提升其美学体验，使学生在日常生活中充分感受浓郁的文化氛围；（2）改善学习氛围：引入现代化的教学设施与工具，通过多途径打造有利于学习的空间，如教室、图书馆、自修室等。同时，积极发展各类学生社团、兴趣小组、实训中心、心理辅导站、职业规划咨询室等，为大学生制定科学职业路径、实现全面发展提供优质平台；（3）提高生活质量：改进食堂与宿舍等生活区域的设施和服务，加强助勤体系的构建，打造安全、清洁、充满温暖的生活环境。确保学生拥有舒适的生活条件，从而更好地接受职业规划指导，并在良好的学习环境中深化指导效果。

2. 优化校园精神环境

（1）丰富校园文化生态：优化教学风气和学习风气，举办多样化的、积极健康的校园文化活动，让学生们积极参与各种校内活动，自然地浸润于校园文化的熏陶之中，逐步塑造出优秀的品德修养和全面发展的个人素质；（2）健全校园规章制度：建立和完善既符合社会发展需求，又契合学校文化精神的制度体系，通过科学化和人性化的管理措施来规范师生行为，传递正确的行为准则和社会价值观，营造有序和谐的校园秩序；（3）强化师资与服务团队：提升管理层、教师、行政工作人员、辅导员、后勤保障人员等全体教职工的职业素养，发挥其在大学生群体中的榜样作用，同时，壮大职业规划导师团队，增加学生接触职业规划教育的机会，拓宽其接受指导的范围。

参考文献

[1] Irving B A. (Re) constructing career education as a socially just practice: An antipodean reflection [J]. International Journal for Educational and Vocational Guidance, 2010,10:49-63.

[2] Drier H N. Special Issue Introduction: Career and Life Planning Key Feature within Comprehensive Guidance Programs [J].Journal of Career Development, 2000,27(2):73-80.

[3] Lairio M, Penttinen L. Students, career concerns: challenges facing guidance providers in higher education [J]. International Journal for Educational and Vocational Guidance, 2006,6:143-157.

[4] Wendy P, Mary M. Career Development and Systems Theory: Connecting Theory and Practice [M]. Rotterdam: Sense Publishers,2006.

[5] Borgen W, Hiebert B. Career guidance and counseling for youth: What adolescents and young adults are telling us[J].International Journal for the Advancement of Counselling, 2006, 28: 389-400.

[6] Guichard J. A century of career education: Review and perspectives [J]. International Journal for Educational and

Vocational Guidance，2001，1（3）：155-176.

［7］包建新，楼优奇，屈丹 . 美国生涯规划教育培训学习考察报告［J］. 基础教育课程，2019（13）：75-80.

［8］陈建甫 . 基于就业指导下的高校创新创业教育实践研究——评《大学生职业生涯规划（第二版）》［J］. 科技管理研究，2021，41（5）：239.

［9］陈江龙 . 职业生涯规划在大学生就业指导工作中的作用［J］. 就业与保障，2021（4）：48-49.

［10］陈小玲，张欣然 . 大学生职业生涯规划与思政教育融合的路径——评《大学生职业生涯规划与就业指导》［J］. 中国高校科技，2020（11）：103.

［11］程璠，窦豆，白俊杰 . 美国高校学生就业服务机制对我国"90后"毕业生职业生涯规划与就业指导的启示［J］. 出国与就业，2012（1）：14-15.

［12］董庆 . 服务视域下大学生职业生涯规划与发展体系的思考［J］. 黑龙江高教研究，2015，33（8）：88-90.

［13］冯彩虹 . 大学生职业生涯规划教育研究［J］. 就业与保障，2021（3）：111-112.

［14］高桂娟 . 从就业指导向职业生涯教育转变——对大学生职业生涯规划的分析与思考［J］. 教育探索，2008（1）：134-135.

［15］高秋艳 . 新时代大学生职业生涯规划教育的现状及破解［J］. 中国大学生就业（综合版），2020（3）：54-58.

［16］郭瑞鹏，田宇，姚伟华 . 大学生就业问题的研究现状与热点分析——文献计量视角［J］. 中国大学生就业，2019（5）：50-55.

［17］黄冬梅，王瑞欣 . 基于职业生涯规划视角的大学生

就业力提升路径探索［J］. 经济研究导刊，2021（13）：98-100.

　　［18］贾东风. 基于"互联网+"的大学生职业生涯规划教育研究［J］. 天津市教科院学报，2018（4）：29-31.

　　［19］焦洁庆. 地方高校辅导员职业生涯规划研究［J］. 学校党建与思想教育，2020（18）：58-60.

　　［20］金树人. 生涯咨询与辅导［M］. 北京：高等教育出版社，2007.

　　［21］井晓昌. 新时代高校思政教育与大学生职业生涯规划的融合与发展［J］. 教育研究，2019（12）：43-44.

　　［22］李承明，史晓健，高野. 低年级大学生职业生涯规划教育探索［J］. 大学教育，2018，7（12）：213-215.

　　［23］李剑欣，张小东，杨国如. 地方院校大学生就业指导教育创新研究［J］. 教育教学论坛，2019（5）：71-72.

　　［24］李晶. 日本高校职业生涯教育及对中国的启示［J］. 当代教育科学，2012（17）：47-49.

　　［25］李源泉. 基于协同理论的大学生思想政治教育与职业生涯规划的融合研究［J］. 大学教育，2021，10（1）：81-83.

　　［26］梁绍斌. 高校职业生涯规划教育工作的设想［J］. 出国与就业，2011（20）：64-65.

　　［27］林娜，陈南坤，邓琳. 大学生职业生涯规划课程教学改革研究综述［J］. 高教学刊，2020（34）：6-10.

　　［28］刘炳序. 立德树人视域下的大学生职业生涯教育［J］. 经济研究导刊，2021（11）：79-81.

　　［29］刘华，郭兆明. 生涯教育：基础教育课程改革不可或缺的支点［J］. 教育发展研究，2013，33（20）：6-11.

　　［30］刘慧瀛. 当代大学生职业规划存在的问题及对策初

探 [J]. 教育与职业，2013（9）：98-99.

[31] 刘丽红. 加强大学生职业生涯规划指导实现精准就业 [J]. 中国高等教育，2018（6）：44-45.

[32] 刘义. 核心素养视角下生涯发展教育的本土化路径研究 [J]. 四川轻化工大学学报（社会科学版），2020（1）：68-84.

[33] 刘志军. 以更加"远见的思维"指导大学生职业生涯发展规划——评《大学生职业发展与就业指导》 [J]. 教育与职业，2020（23）：115.

[34] 吕妙娜，罗文明. 生涯规划培养的行动研究 [J]. 思想政治课教学，2020，9（9）：21-23.

[35] 马洪坤. 高校职业指导服务质量提升对策研究 [J]. 教育现代化，2017，4（27）：204-206.

[36] 孟祥敏. 大学生职业生涯规划影响因素研究——基于长三角 9 所高校的调研数据 [J]. 中国青年社会科学，2020，39（4）：94-102.

[37] 彭永新. 职业生涯教育资源开发现状与启示 [J]. 教育研究与实验，2018（5）：92-96.

[38] 钱建国. 大学生职业规划与就业指导 [M]. 北京：人民出版社，2007.

[39] 秦宁，王立宁. 新时代背景下高校大学生职业生涯规划课程现状及对策分析 [J]. 中国大学生就业，2021（9）：61-64.

[40] 宋争辉. 大学生职业生涯规划影响因素研究：以教学型本科院校为对象 [M]. 北京：人民出版社，2012.

[41] 苏文平. 职业生涯规划与就业创业指导 [M]. 北京：中国人民大学出版社，2016.

［42］孙丽华 . 从职业生涯规划书看大学生职业生涯规划 ［J］. 教育与职业，2013（29）：97-98.

［43］汤平 . 新时代背景下大学生职业生涯规划的意义——评《大学生职业生涯规划与发展》 ［J］. 中国教育学刊，2020（6）：131.

［44］王乐，田高良 . 以提升自我效能为导向的大学生职业生涯教育课程路径研究 ［J］. 大学教育，2020，9（11）：8-11.

［45］王泽兵，孙加秀，盛锦 . 大学生职业生涯规划的困境与出路 ［J］. 中国青年研究，2007（2）：17-19.

［46］吴名蒙 . 浅论如何推动高校就业创业指导工作的开展——以长沙某高校为例 ［J］. 高教学刊，2016（14）：162-163.

［47］杨振海 . 大学生职业生涯规划教育探讨 ［J］. 当代青年研究，2009（7）：59-62.

［48］尹兆华 . 职业生涯规划与就业指导课程建设探索和实践 ［J］. 中国大学教学，2019（7）：88-92.

［49］郁晓燕 . 高校个性化职业指导的途径 ［J］. 教育评论，2013（2）：18-20.

［50］张再生 . 职业生涯规划 ［M］. 天津：天津大学出版社，2007.

［51］赵海莹，骆雁南 . 以实践育人理念推进大学生职业生涯规划教育的研究 ［J］. 中国教育学刊，2015（S1）：20-21.

［52］赵梓丞，曹迎 . 大学生职业生涯规划指导存在的问题与对策 ［J］. 高等工程教育研究，2019（6）：114-117.

［53］郑骄阳，范丛慧，叶威 . 大学生思想政治教育与职业生涯规划育人合力探究 ［J］. 高校辅导员学刊，2020，12

（6）：58-63.

［54］钟谷兰，杨开．大学生职业生涯发展与规划［M］．2版．上海：华东师范大学出版社，2016.

［55］杨舒然，包崇许，杨洋．加拿大职业素养教育融入专业教育的模式及启示［J］．教育与职业，2021（2）：60-65.

［56］潘黎，曹鑫．澳大利亚生涯教育新动态："为学生未来而准备"国家生涯教育战略实施［J］．比较教育研究，2021，43（6）：58-64.

［57］张秋梅．中日高校职业生涯教育途径比较研究［D］．延吉：延边大学，2019.

［58］方伟．学习贯彻习近平总书记立德树人重要论述，构建更高水平的大学生职业生涯发展教育体系［J］．中国大学生就业，2021（12）：4-6.

［59］高靓，王学男．我国培育"时代新人"理念下的生涯教育反思与实践［J］．国家教育行政学院学报，2021（4）：81-87.

［60］国务院办公厅．国务院办公厅转发教育部等部门关于进一步深化普通高等学校毕业生就业制度改革有关问题意见的通知［BE/OL］．（2002-03-02）［2012-05-06］．https：//www.gov.cn/gongbao/content/2002/content_61373.htm.

［61］中华人民共和国教育部．关于进一步深化教育改革，促进高校毕业生就业工作的若干意见［BE/OL］．（2003-04-25）［2013-07-08］．http：//www.moe.gov.cn/srcsite/A15/S3265/200304/t20030425_80062.html.

［62］国务院办公厅．国务院办公厅关于加强普通高等学校毕业生就业工作的通知［BE/OL］．（2009-01-23）［2019-08-09］．https：//www.gov.cn/zhengce/zhengceku/2009-01-23/content_

5468.htm.

　　[63] 翟盈．我国高校大学生职业生涯规划教育研究[D].大连：大连海事大学，2014.

　　[64] 刘慧，李晨希，高艳.研究型大学精准化生涯教育体系构建[J].江苏高教，2019（1）：102-106.

　　[65] 姜倩．浙江省本科高校就业指导现状及其优化研究[D].杭州：浙江大学，2017.

　　[66] 孔夏萌．高校职业生涯教育课程研究[D].重庆：西南大学，2013.

　　[67] 陶倍帆．澳大利亚职业生涯教育研究[D].上海：华东师范大学，2014.

附录 A：高校学生职业生涯规划教育指导调查问卷

本问卷旨在了解高校开展学生职业规划教育指导的现状，把握学生对高校所开展的就业指导内容重要性和满意度的感知状况，为进一步提升高校职业生涯规划教育效果提出合理建议。问卷信息将严格保密，仅供研究之用。

感谢您的支持与配合。

第一部分：个人基本情况

1. 您的性别是（　　　）。

A. 男

B. 女

2. 您所学的专业是（　　　　　　　　　　）。

3. 您所在的年级是（　　　）。

A. 大一

B. 大二

C. 大三

D. 大四

E. 其他

第二部分：个人就业观念

4. 您对自己的未来是否有职业规划？（　　　）

A. 有明确的规划

B. 有大致方向，尚未形成具体计划

C. 没有规划，听家里人安排

D. 没考虑过，顺其自然

5. 您是否认为在校期间进行合理清晰的就业规划与成功就业有必然的联系吗？（　　　）

A. 是，清晰合理的就业规划有助于就业

B. 否，就业规划与实际就业是两回事

6. 就业最主要的目的是什么？（　　　）

A. 为了求得经济保障

B. 为了增加自己的工作经验和见识

C. 为了赡养父母，提供物质保障

D. 为了与社会接轨

7. 在对未来工作进行考量时，您会优先考虑以下哪些因素？（　　　）［多选题］*

A. 薪资待遇

B. 与所学专业的契合度

C. 发展前景

D. 理想、兴趣爱好

E. 社会地位

F. 工作强度

第三部分：高校学生职业生涯规划指导重要性及满意度量表

8. 您认为以下内容的重要性如何？

（请仔细阅读下列每一个句子，在与您相符的选项上画"√"。1 表示"非常不重要"，2 表示"不重要"，3 表示"一般"，4 表示"重要"，5 表示"非常重要"。）

项目 请在右侧，您认为适合的数字上画"√"	非常不重要	不重要	一般	重要	非常重要
（1）实习期企业专业指导	1	2	3	4	5
（2）专业实习的专业性和有效性	1	2	3	4	5
（3）实习期间内的有效沟通	1	2	3	4	5
（4）实习期企业的态度	1	2	3	4	5
（5）实习企业专业的实习生培养方案	1	2	3	4	5
（6）就业政策针对性强	1	2	3	4	5
（7）就业政策的解读到位	1	2	3	4	5
（8）就业政策的宣传及时	1	2	3	4	5
（9）对就业困难群体的精准帮扶	1	2	3	4	5
（10）举办多样化的就业活动	1	2	3	4	5
（11）提供个性化的职业生涯规划指导	1	2	3	4	5
（12）为学生就业做准备的主动性、积极性强	1	2	3	4	5
（13）学生个人就业目标清晰	1	2	3	4	5
（14）定期举办校园招聘会	1	2	3	4	5
（15）有效开设职业生涯规划指导课程	1	2	3	4	5
（16）就业指导工作人员的工作态度	1	2	3	4	5
（17）就业指导工作人员的专业能力	1	2	3	4	5

续表

项目 请在右侧，您认为适合的数字上画"√"	非常不重要	不重要	一般	重要	非常重要
（18）就业指导工作人员的办事效率	1	2	3	4	5
（19）开设学校职业生涯规划指导网站	1	2	3	4	5
（20）招聘信息真实有效且推送及时	1	2	3	4	5
（21）定期组织职业生涯规划指导主题讲座	1	2	3	4	5
（22）有效提供专业实习的机会	1	2	3	4	5
（23）全程化的职业生涯规划指导	1	2	3	4	5
（24）在线就业问题答疑系统完善	1	2	3	4	5
（25）就业相关手续办理便利快捷	1	2	3	4	5

9. 您对以下内容的满意度如何？

（请仔细阅读下列每一个句子，在与您相符的选项上画"√"。1表示"非常不满意"，2表示"不满意"，3表示"一般"，4表示"满意"，5表示"非常满意"。）

项目 请在右侧，您认为适合的数字上画"√"	非常不满意	不满意	一般	满意	非常满意
（1）实习期企业专业指导	1	2	3	4	5
（2）专业实习的专业性和有效性	1	2	3	4	5
（3）实习期间内的有效沟通	1	2	3	4	5
（4）实习期企业的态度	1	2	3	4	5
（5）实习企业专业的实习生培养方案	1	2	3	4	5
（6）就业政策针对性强	1	2	3	4	5

续表

项目 请在右侧，您认为适合的数字上画"√"	非常不满意	不满意	一般	满意	非常满意
（7）就业政策的解读到位	1	2	3	4	5
（8）就业政策的宣传及时	1	2	3	4	5
（9）对就业困难群体的精准帮扶	1	2	3	4	5
（10）举办多样化的就业活动	1	2	3	4	5
（11）提供个性化的职业生涯规划指导	1	2	3	4	5
（12）为学生就业做准备的主动性、积极性强	1	2	3	4	5
（13）学生个人就业目标清晰	1	2	3	4	5
（14）定期举办校园招聘会	1	2	3	4	5
（15）有效开设职业生涯规划指导课程	1	2	3	4	5
（16）就业指导工作人员的工作态度	1	2	3	4	5
（17）就业指导工作人员的专业能力	1	2	3	4	5
（18）就业指导工作人员的办事效率	1	2	3	4	5
（19）开设学校职业生涯规划指导网站	1	2	3	4	5
（20）招聘信息真实有效且推送及时	1	2	3	4	5
（21）定期组织职业生涯规划指导主题讲座	1	2	3	4	5
（22）有效提供专业实习的机会	1	2	3	4	5
（23）全程化的职业生涯规划指导	1	2	3	4	5
（24）在线就业问题答疑系统完善	1	2	3	4	5
（25）就业相关手续办理便利快捷	1	2	3	4	5

附录 B：高校职业生涯规划教育调查问卷

本问卷旨在了解贵校职业生涯规划教育现状，为进一步提升职业生涯规划教育效果提出建议。问卷信息将严格保密。

1. 您的性别是？［单选题］*
□ 男
□ 女

2. 您的年级是？［单选题］*
□ 大一
□ 大二
□ 大三
□ 大四
□ 其他＿＿＿＿＿＿

3. 您在大学期间的学习、生活是否有明确的目标？［单选题］*
□ 有清晰而长远的目标
□ 有清晰但比较短期的目标
□ 目标模糊
□ 没有目标

4. 您是否清楚地了解自身的特质（兴趣、性格、能力等)？［单选题］*

　　□ 非常了解

　　□ 一般了解

　　□ 不了解

　　□ 没想过

5. 您对于自身所学专业是否有清楚的了解？［单选题］*

　　□ 非常了解

　　□ 一般了解

　　□ 不了解

　　□ 没想过

6. 您对于自身适合的职业发展方向是否有清楚的了解？［单选题］*

　　□ 非常了解

　　□ 一般了解

　　□ 不了解

　　□ 没想过

7. 您对于自身所学专业未来可以从事的职业是否有清楚的了解？［单选题］*

　　□ 非常了解

　　□ 一般了解

　　□ 不了解

　　□ 没想过

8. 您对于自身所学专业与未来从事职业间的关系是怎样认为的？［单选题］*

　　□ 肯定有关系

　　□ 有点关系

□ 没有考虑过

□ 没有关系

9. 您对于未来希望任职的单位是否有清楚的了解？［单选题］*

□ 非常了解

□ 一般了解

□ 不了解

□ 没想过

10. 您对于高校职业生涯规划教育意义的看法是什么？［多选题］*

□ 有助于正确认知自我，有助于树立正确的职业观

□ 有助于就业市场中人才的合理配置

□ 有助于就业质量的提升

□ 有助于求职竞争力和就业能力的提升

□ 意义不大，毕业生的就业与职业生涯规划教育无关

□ 其他＿＿＿＿＿＿＿＿

11. 您目前对于自身的职业生涯是否有清楚的规划？［单选题］*

□ 是，非常清晰，包括远期、中期和短期

□ 是，比较清晰，但只开展了短期规划

□ 是，但尚未有清楚的规划

□ 有职业生涯规划意愿，但不知道怎样规划

□ 没有想过

12. 在完成职业生涯规划后，您是否按照规划前进并不断根据实际情况调整自身规划？［单选题］*

□ 是，始终按照规划前进并根据实际进行调整

□ 始终按照规划前进，但没有根据实际进行调整

　　□ 尚未按照规划具体行动，对于规划结果摇摆不定

　　□ 没有开展过实际行动

13. 您认为高校职业生涯规划教育的哪种方式更具有效果？［单选题］*

　　□ 学校就业指导中心

　　□ 自己查阅相关资料

　　□ 职业生涯规划相关的讲座

　　□ 微信公众号等新媒体平台

　　□ 与专业课教师交流

　　□ 与辅导员交流

　　□ 其他＿＿＿＿＿＿

14. 您更倾向于学校提供哪些类型的就业指导咨询服务？［单选题］*

　　□ 用人单位 HR 开展的相关指导

　　□ 企业高管提供的讲座或训练

　　□ 潜能提升课程

　　□ 到用人单位实习，与用人单位新员工互动交流

　　□ 已经毕业的校友现场讲授相关经验和职场现状

15. 您更倾向于哪种形式的职业咨询？［单选题］*

　　□ 一对一当面咨询

　　□ 电话咨询

　　□ 网络咨询

　　□ 同学互助

　　□ 团体咨询

16. 通过大学职业生涯规划课程的学习，您收获比较大的是以下哪些方面？［多选题］*

　　□ 明白了职业生涯规划对职业发展的重要性

□ 更清晰地认识了自己

□ 了解了大量职业相关信息

□ 明确了自己的发展方向

□ 学会了如何规划职业生涯

□ 引导自己为以后的职业做具体规划和准备

□ 其他＿＿＿＿＿＿

17. 对于大学生职业生涯规划课程的学习状况，您认为有哪些不足？［多选题］*

□ 进行职业生涯规划的意识没有明显提升

□ 对理论和方法的学习不够系统、不够全面

□ 没有了解到与专业相关的大量职业信息

□ 职业实践的次数没有或太少

□ 对当前社会形势了解得不够

□ 其他＿＿＿＿＿＿

18. 您认为哪些举措有助于提高大学生职业生涯规划课程的教学效果？［多选题］*

□ 分组讨论，游戏互动

□ 加强师资队伍建设

□ 媒体软件的应用

□ 进入真实或模拟的空间学习该课程

□ 让企业工作人员适当授课

□ 其他＿＿＿＿＿＿

19. 您对于学校开展的职业生涯规划相关活动（如职业生涯规划大赛、名企走访等）是否有清楚的了解？［单选题］*

□ 非常了解

□ 一般了解

□ 不怎么了解

□ 没听说过

20. 您希望得到学校在职业生涯规划哪方面的帮助？［多选题］*

　　□ 大量职业相关信息

　　□ 有专业人士分析自身个性及优缺点，指导职业生涯设计

　　□ 需要督促、鼓励和指导

　　□ 社会形势变化，职业发展趋势

　　□ 其他＿＿＿＿＿＿＿

21. 您更倾向于参加学校与用人单位共同举办的哪些职业生涯规划教育活动？［多选题］*

　　□ 相关讲座

　　□ 职业挑战训练营

　　□ 职业生涯规划大赛

　　□ 寒暑期企业实践

　　□ 其他＿＿＿＿＿＿＿

22. 在第一课堂以外，您认为哪些途径提供的职业生涯规划信息更有帮助？［多选题］*

　　□ 微信公众号

　　□ 建设学院专业师资队伍

　　□ 就业指导中心

　　□ 交流讨论组（包括学生、教师、企业人员）

　　□ 在线网络系统

　　□ 其他＿＿＿＿＿＿＿

23. 您认为做好高校职业生涯规划教育体系建设应当注重哪些方面的内容？［多选题］*

　　□ 培养学生职业规划的能力

□ 提升教师专业素养

□ 结合学生专业，开展针对性教育

□ 加强与用人单位的合作

□ 教学方式的前沿性、灵活性

□ 提高学生职业生涯规划的意识

□ 职业生涯规划教育的系统性、全程性

□ 其他＿＿＿＿＿＿

24. 您对于学校目前的职业生涯规划教育体系有何建议？

[填空题]*

十分感谢您的填写。

后　记

　　随着社会的高速发展，新兴职业不断涌现，高校作为人才培养的重要基地，在生涯教育领域承担着至关重要的角色。如何精准对接社会需求与行业发展趋势，如何更有效地协助大学毕业生实现高质量的职业选择与就业，以及如何使生涯教育适应时代步伐并满足学生的个性化需求，这些问题均要求高校不断对生涯教育的内容与形式进行调整优化，以确保教育的针对性和实效性。在撰写本书的过程中，我始终围绕这些问题进行思考，积极开展实地调研，并与来自不同城市、不同年级、不同专业的学生交流，借此深入理解高校职业生涯教育的现状。

　　本书能够最终完成，首先我要向接受访谈和参与问卷调查的老师、同学们表达最深的感激之情，他们的无私帮助不可或缺；其次，我要向南京审计大学金审学院的张斌老师致以诚挚的谢意，他协助整理前期文献；再次，对于出版社的编辑团队，我也满怀感激，编辑们认真严谨的工作态度和耐心指导让我受益匪浅；最后，我要感谢家人在精神上给予我坚定支持，使我能够顺利完成本书的撰写工作。

郑丽芳

2024 年 10 月 15 日